Walther Bensemann

Richard Nevil - der Königmacher 1428-71

Ein Beitrag zur Geschichte der Kriege zwischen Lancaster und York

Walther Bensemann

Richard Nevil - der Königmacher 1428-71
Ein Beitrag zur Geschichte der Kriege zwischen Lancaster und York

ISBN/EAN: 9783743397231

Hergestellt in Europa, USA, Kanada, Australien, Japan

Cover: Foto ©ninafisch / pixelio.de

Manufactured and distributed by brebook publishing software (www.brebook.com)

Walther Bensemann

Richard Nevil - der Königmacher 1428-71

Richard Nevil, der Königmacher.

1428—71.

Ein Beitrag zur Geschichte der Kriege
zwischen Lancaster und York

von

Walther Bensemann.

> Ridebunt posteri, credo, aut ut miracula mirabuntur, cum audierint tantum esse huius hominis ingenium, ut indomitam gentem tam facile regat, novos reges fecerit, his denuo pulsis veteres revocarit, et ipse pulsus intra vertentem annum, multis intra et extra regnum adversantibus, in idem regnum redierit . . . .
> Raynaldus. Tom. 19. nr. 49.

Strassburg,
Ludolf Beust, Verlagsbuchhandlung.
1898.

Meinen Eltern

gewidmet.

Abkürzungen der Titel benutzter Bücher und Manuscripte.

I. Bücher:

1. Arch. Brit. = Archaeologia; or miscellaneous tracts relating to antiquity. Published by the Society of Antiquaries of London. 1770—X. Vol. XVI, XX, XXI, XXIX.
2. Arch. Ael. = Archaeologia Aeliana: or miscellaneous tracts relating to antiquity. Published by the Society of Antiquaries of Newcastle upon Tyne. Newcastle 1832.

Arnold see Chron. Arnold.

Auchinleck see Chron. Auchinl.

3. Bain = Calendar of documents relating to Scotland edited by Joseph Bain. Vol. IV. Edinb. 88.
4. Baker = The history and antiquities of the county of Northampton. By George Baker. Lond. 1822—41. fol.
5. Barante = Histoire des ducs de Bourgogne, de la maison de Valois, 1364—1477. Par M. de Barante. Bruxelles et Leipzig 1839.
6. Basin = Histoire des règnes de Charles VII. et Louis XI. par Thomas Basin, publiée par J. Quicherat. Paris 1855, 56. T. I et II.
7. Bekynton = Memorials of the reign of King Henry VI. Official correspondence of Thomas Bekynton, 2. vol. edited by George Williams, B. D., London 1872, in Rer. Brit. med. aevi script.
8. Beltz = Memorials of the Order of the Garter, by George Frederick Beltz. Lond. 1841.
9. Biondi = L'Istoria delle guerre civili d'Inghilterra. Scritta dal Francesco Biondi. In Venetia 1641. 3 vol. 8⁰.
10. Blades = The biography and typography of William Caxton, by William Blades. 2nd edition. London 1882.
11. Boethius = Scotorum historiae, a prima gentis origine . . . Libro XIX. Hectore Boethio Deidonano auctore. Parisiis 157. App. Ferrerio auctore.
12. Botfield = Manners and Household expenses of England. London 1841. Ed. Beriah Botfield.
13. Bréquigny = Lettres des Rois, Reines et autres personnages des cours de France et d'Angleterre depuis Louis VII. jusqu'à Henri IV. tirées des archives de Londres par Bréquigny et publiées par M. Champollion-Figeac. Tome II. Paris 1847 (Coll. de doc. inéd. sur l'hist. de France).
14. Buchanan = Rerum Scoticarum historia, Auctore Georgio Buchanano Scoto. Trajecti apud Rhenum 1697.

15. Camden Rem. = Remains, concerning Britain. By William Camden. Lond. 1870. 8⁰.
16. Campbell = The lives of the Chief Justices of England, by John Lord Campbell. London 1849. vol. 1.
17. Capgrave = Johannis Capgrave Liber de Illustribus Henricis. Edited by the Revd. F. C. Hingeston. London 1858. 8⁰.
18. Carte, Hist. of Engl. = A general history of England. Vol. II. By Thomas Carte. London 1750.
19. Carte, Rolles = Catalogue des Rolles Gascons, Normans et François. T. II. London 1743. fol. [ed. Tho. Carte.]
20. Charles d'Orléans = Les poésies du duc Charles d'Orléans, publiées par A. Champollion. Figeac. Paris 1842. 12⁰.
21. Chastellain = Oeuvres de Georges Chastellain, publiées par Ms. le baron Kervyn de Lettenhove, Bruxelles, 1864; 8 vol.
22. Chron. Auchinl. = A Short Chronicle of the reign of James II. King of Scots. [gew. gen.: Chron. of Auchinleck. ed. J. Thomson. Edinb. 1819. 4⁰.]
23. Collins = The Peerage of England, by Arthur Collins. 9 vol. Lond. 1779—74. 8⁰.
24. Creighton = A History of the Papacy during the period of the reformation, by M. Creighton. Lond. 1882—94.
25. Chron. Arnold = The Customs of London, otherwise called Arnold's Chronicle. Lond. 1811.
26. Chron. du Mt. St. Michel = Chronique du Mont-Saint Michel 1343—1468, publiée par Simon Luce. 2 vol. Paris 1879 et 83. 8⁰. (Soc. des anc. textes frçs.)
27. Chron. Lond. = A chronicle of London, from 1089—1483. [Edited by Sir Henry Nicolas. Lond. 1827.]
28. Chron. Scand. = Journal de Jean de Roye, connu sous le nom de Chronique Scandaleuse 1460—83, publié pour la Soc. de l'Hist. de France par Bernard de Maudrot. T. I. Paris 1894.
29. Chron. Script. Inc. = Incerti scriptoris chronicon Angliae de regnis trium regum Lancastrensium, Henrici IV., Henrici V. et Henrici VI. Ed. Joannes Allen Giles. Londini 1848. 8⁰.
30. Chron. W. R. = The Chronicles of the White Rose of York. Ed. Bohn. Lond. 1843.
31. Comines-D. = Mémoires de Philippe de Comines, nouv. édit. publiés par Mlle Dupont; Paris 1840.
32. Comines-L. = Mémoires de Messire Philippe de Comines, Seigneur d'Argenton ed. Mr. l'abbé Lenglet du Fresnoy. 4 vol. Lond. et Paris 1747.
33. Cosneau = Le connétable de Richemond (Arthur de Bretagne) 1393—1458. par E. Cosneau. Paris 1886.
34. Cusack = A History of the Irish Nation by M. F. Cusack. London.
35. Doyle = The official Baronage of England. By James E. Doyle. 3 vol. London 1885.

36. Du Clercq = Mémoires de J. Du Clercq, sur le règne de Philippe le Bon, duc de Bourgogne, publiés par le baron de Reiffenberg. 4 vol. Bruxelles 1835.
37. Duclos = Histoire de Louis XI. par Mr. Duclos. 2 vol. La Haye 1745.
38. Du Fresne = Histoire de Charles VII. par G. Du Fresne de Beaucourt. T. VI. Paris 1891.
39. Dugdale = The baronage of England or an Historical account of the lives and most memorable actions of our english nobility, deduced by William Dugdale; tome the first; London 1675.
40. Ellis = Original letters illustrative of english history ed. Sir H. Ellis. 3 series. 1825—46. London.
41. Engl. Chron. = An English Chronicle of the reigns of Richard, Henry IV., V. and VI. with an Appendix. Ed. Rev. Davies. 1856. London.
42. Exc. Hist. = Excerpta Historica or Illustrations of English history by Samuel Bentley. London 1833.
43. Exch. Rolls of Scotl. = Rotuli Scacarii regum Scotorum. The Exchequer Rolls of Scotland edited by George Burnett. Vol. VII. 1460—69.
44. Fabyan = The Chronicles of England and France by Robert Fabyan. Ad. H. Ellis. London 1811.
45. Farquhar = Lives of the Archbishops of Canterbury. By Walter Farquhar Hook. Vol. V. London 1867.
46. Félibien = Histoire de la ville de Paris composée par D. Michel Félibien. Ed. Guy Alexis Lobineau. T. II. Paris 1725. fol.
47. Fortescue = The Governance of England: otherwise called The Difference between an Absolute and a Limited Monarchy by Sir John Fortescue. Ed. by Charles Plummer. Oxfd. 1885.
48. Foss. = The judges of England; by Edward Foss. vol. IV. London 1851.
49. Fox. = Acts and Monuments of Matters most special and memorable, happening in the church: with an universal history of the Same . . . by the Author, Mr. John Fox. London 1684.
50. Fragm. = Thomae Sprotti Chronica, Oxonii 1719, ed. Tho. Hearnius [enth.: a remarkable fragment of an old english chronicle or history of the affaires of King Edward the Fourth].
51. Gachard = Collection de documents inédits concernant l'histoire de la Belgique, publiée par L. P. Gachard. 3 vol. Bruxelles 1833. 8⁰.
52. Gairdner, Letters = Letters and Papers illustrative of the reigns of Richard III. and Henry VII. Ed by James Gairdner. vol. I. London 1861.
53. Gascoigne = Loci e Libro veritatum. Passages selected from Gascoignes theological Dictionary illustrating the condition of state and church. 1403—58. Ed. by James E. Thorold Rogers. Oxfd. Clar. Press. 1881.

54. Gilbert, Nat. Mss. = Nat. Mss. of Ireland, ed. John Gilbert. London 1884. 8⁰.
55. Gilbert, Viceroys = History of the Viceroys of Ireland, by J. T. Gilbert. Esq. Dublin and London 1865.
56. Grafton = Graftons Chronicle; or History of England. Vol. II. London 1809.
57. J. R. Green = History of the English People. Vol. II. London 1880.
58. Ms. J. R. Green, Letters = Letters of royal and illustrious ladies of Great Britain. Ed. by M. A. Everett Wood [sp. Green]. 3 vol. London 1846.
59. Ms. J. R. Green, Town Life = Town Life in the fifteenth century by Ms. J. R. Green. 2 vol. London 1894.
60. Habington = The historie of Edward IV. King of England. By William Habington. London 1640.
61. Hall = Halls Chronicle. London 1809.
62. Hallam = Geschichtliche Darstellung des Zustandes von Europa im Mittelalter von Henry Hallam Esq., nach der 2. Ausg. übers. von B. J. F. von Halem. Lpz. 1821.
63. Halliwell, Letters = Letters of the Kings of England, edited by James Orchard Halliwell. vol. I. London 1848.
64. Halsted = Richard III. as duke of Glocester and King of England, by Caroline A. Halsted, in 2 vol. London 1844.
65. Hanserecesse = Hanserecesse, bearbeitet von Goswin Frh. v. d. Ropp. Bd. V. Lpz. 1888.
66. Hardyng = The Chronicle of John Hardyng, ed Henry Ellis, London 1812.
67. Haynin = Les mémoires de Messire Jean, Seigneur de Haynin et de Louvegnies. 1465—77. 2 vol. 8⁰. Mons. 1842.
68. Hist. Coll. = The historical collections of a citizen of London; ed. James Gairdner, 1876. Westminster. (Enth. Gregorys Chron.)
69. Hist. Croyl. = Historiae Croylandensis continuatio in Rerum Anglicarum Script. Vet. T. I. ed Joh. Fell. Oxfd. 1684.
70. Hist. Mss. Com. = Hist. Mss. Com. 12th rep. App. part IV. London 1888. 8⁰.
71. Hist. of Arr. = Historie of the arrivall of Edward IV. in England; ed. John Bruce. London 1838. Camd. Soc.
72. Holinshed = Holinshed's Chronicles of England, Scotland and Ireland. London 1808. Vol. III, V, VI.
73. Hume = The history of the house and race of Douglas and Angus. Written by Mr. David Hume of Godscroft. 2 vol. Edinb. 1743.
74. Journal of B. Arch. = The Journal of the British Archaeol. Assoc. Vol. VI. London 1851.
75. Issues of the Exch. = Issues of the Exchequer; being a collection of payments made out of His Maj.'s revenue. By Frederick Devon. London 1837.

76. Kennet = A Complete History of England. London 1706. Ed. Kennet-White fol.
77. Kirk = History of Charles the Bold, duke of Burgundy. By John Foster Kirk. London 1863. 3 vols.
78. La Marche = Mémoires d'Olivier de la Marche, maitre d'hôtel et capitaine des gardes de Charles le Téméraire, publiés pour la Soc. de l'hist. de France par Henri Beaune et J. d'Arbaumont. 4 vols. Paris 1883—88.
79. Lappenberg = Urkundliche Geschichte des hansischen Stahlhofes zu London, von J. M. Lappenberg, Dr. Hamburg 1851.
80. Leland, Coll. = Johannis Lelandi antiquarii de rebus Britannicis Collectanea. Londini 1770.
81. Le Moyne = La Gallerie des femmes fortes. Par le P. Pierre Le Moyne. Paris 1647. fol.
82. Lesley = De origine, moribus et rebus gestis Scotorum libri decem Authore Joanne Leslaeo. Romae 1578.
83. Lingard = The History of England. By John Lingard. Vol. IV. London 1849.
84. Lobineau = Histoire de Bretagne par Dom Gui Alexis Lobineau. Paris 1707.
85. Lord's Reports = Reports from the Lords Comittees touching the Dignity of a Peer of the Realm etc. With appendixes, re-printed 1829.
86. Maior = Historia Maioris Britanniae, tam Angliae quam Scotiae, per Johannem Maiorem. Ed. nova; Edinb. 1740.
87. Martin = Histoire de France depuis les temps les plus reculés jusqu'en 1789. Par Henri Martin. Tome VI. 1 me ed. Paris. 1862.
88. Milman = History of latin Christianity, including that of the popes to the Pontificate of Nic. V. by Henry Hart Milman, D. D. Dean of St. Paul's. London 1864. 3d. ed. Vol. IV.
89. Monstrelet = Coll. des Chron. nat. Franç., par J. A. Buchon. XV. siècle. Paris 182—vls. XI, XII, XIII, XIV, XV. Chron. d'Enguerrand the Monstrelet v. Supplt.
90. More. = Mores History of King Richard III. edited by J. Rawson Lumby. Cambridge 1883. (Pitt Press Ser.)
91. Morice = Mémoires pour servir de preuves à l'histoire ecclésiastique et civile de Bretagne. Par Dom Hyacinthe Morice. 1744.
92. Nauclerus = Memorabilium omnis aetatis et omnium gentium Chronici Commentarii a Joanne Nauclero digesti in a. s. 1500. Tubingae 1513 fol.
93. Oman = Warwick, The Kingmaker by Charles W. Oman. Lond. 1891.
94. Past. Lett. = The Paston Letters. Ed. James Gairdner. 3 vols. Westminster 1895. (1422—1509.)
95. Paul, Aem. = Pauli Aemilii Veronensis de rebus gestis Francorum libri X. Parisiis 1555.
96. Pauli = Geschichte von England. Von Dr. R. Pauli. V. Bd. Gotha. 1858.

97. Pinkerton = The history of Scotland from the accession of the house of Stuart to that of Mary. By John Pinkerton. 2 vols. London 1797.
98. Pius II., Com. = Pii II., pontificis Maximi Com. Francofurti 1614.
99. Pius II., Op. = Aeneae Sylvii Piccolominei Senensis opera, quae extant omnia. Basileae [1571] fol.
100. Plumpt. Corr. = Plumpton Correspondence edited by Th. Stapleton. London 1839. Camd. Soc.
101. Pol. Songs = Political Poems and Songs, relating to English History composed during the period from the accession of Ed. III. to that of Rich. III. Edited by Thomas Wright. vol. II. London 1861.
102. Pol. Verg. = Three books of Polydore Vergil's History ed. Sir H. Ellis. London 1844. Camd. Soc.
103. Proc. = Proceedings and Ordinances of the Privy Council of England. Vol. VI. edited by Sir Harris Nicolas. 1837.
104. Ramsay = Lancaster and York, a century of english history, by Sir James H. Ramsay. Oxfd. 1892.
105. Raynaldus = Annales ecclesiastici . . . copiose illustrati, auctore Odorico Raynaldo, Col. Agrip. 1593. T. 19. (1458—1503.)
106. Rebellion = The Camden Miscellany, vol. the first, containing a „chronicle of the rebellion in Lincolnshire, in 1470, edited by J. G. Nichols, Esq. printed 1847.
107. Rec. of Nottingh. = Records of the borough of Nottingham. Vol. II. 1399—1485. London & Nottingh. 1883.
108. Rec. of York = Extracts from the municipal records of the city of York by Robert Davies. London 1843.
109. Rep. of the Dep. K. = The forty eighth annual report of the Deputy Keeper of the Public records. London 1887. 8⁰.
110. Ribadieu = Histoire de la conquête de la Guyenne par les Français, par Henri Ribadieu. Bordeaux 1866.
111. Rogers, Hist. of Agric. = A History of Agriculture and prices in England. 1259—1793. By James E. Thorold Rogers. Oxfd. 1882. Vol. IV.
112. Rogers, Work a. Wages = Six centuries of work and wages. The History of English Labour. By the same. London 1884.
113. Rot. Parl. = Rotuli Parliamentorum Bd. V u. VI. 1439—1495.
114. Rot. Pat. et Claus = Rotul. Pat. et Claus. Cancellariae Hiberniae Calendarium. Vol. I. p. I. 1828. fol.
115. Rot. Scot. = Rotuli Scotiae in Turri Londinensi et in Domo Capitulari Westmonasteriensi asservati. Vol. II. 1819. fol.
116. Rowland = An Historical and Genealogical Account of the noble family of Nevill by Daniel Rowland, Esq. Lond. 1830.
117. Ruding = Annals of the coinage of Great Britain by the Rev. Rogers Ruding. Vol. I. London 1840.
118. Rymer = Rymer Foedera. T. V. 1. 1741. Hagae Comitis.

119. Scotichron. = Joannis de Fordun Scotichronicon. Cura Walteri Goodall. Vol. II. Edinb. 1759.
120. Sismondi, Hist. Fr. = Histoire des Français, par J. C. L. Simonde de Sismondi. T. XIII et XIV. Paris 1831.
121. Sismondi, Hist. It. = Histoire des Républiques Italiennes du Moyen-Age par J. C. L. Simonde de Sismondi. T. X. Paris 1826.
122. State Pap. = Calendar of State Papers and Manuscripts, relating to English Affairs, existing in the Archives and Collections of Venice etc.; edited by Rawdon Brown. Vol. I. 1202—1509. London 1864.
123. Stat. of Realm — The Statutes of the Realm. T. II. 1816.
124. Stevenson = Rev. Jos. Stevenson, letters and papers illustrative of the wars of the English in France. London 1861.
125. Stow, Ann. = The Annales or Generall Chronicle of England, begun first by maister John Stow. Ed. E. Howes. Londini 1616.
126. Stow, Survey = A Survey of the cities of Lond. and Westm. Written at first in the year 1598, by the same. Ed. John Strype. London 1720. 6 books.
127. Strickland = Lives of the Queens of England. By Agnes Strickland. London 1854.
128. Stubbs. = Constitutional history of England in its origin and development. By William Stubbs. Vol. III. Oxfd. 1878. Cl. P.
129. Swallow. = De Nova Villa: or the house of Nevill in sunshine and shade, by H. J. Swallow. London 1885.
130. Taillandier = Histoire Ecclésiastique et Civile de Bretagne. Par Dom Charles Taillandier. Tome second. Paris 1756.
131. Tasw.-Langm. = English Constitutional History from the Teutonic Conquest to the present time. By Tho. Pitt Taswell-Langmead. 5th edit. Rev. by Phil. A. Ashworth, Lond. 1896. 8°.
132. Thoyras = Histoire d'Angleterre par Mr. de Rapin Thoyras. Vol. IV. La Haye 1724. 4°.
133. Three F. C. C. = Three fifteenth century chronicles with historical memoranda by John Stowe. Ed. James Gairdner. Westm. 1880. Camd. Soc.
134. Turnbull = Extracta e variis Chronicis Scocie. [Ed. W. B. D. D. Turnbull.] Edinb. 1842.
135. Turner = History of England during the Middle Ages by Sharon Turner. Vol. III. London 1830.
136. Tytler = Tytler's History of Scotland. Lond. Glasc. Edinb.
137. Vaesen = Lettres de Louis XI. roi de France, publiées pour la Soc. de l'Hist. de France par Joseph Vaesen et Etienne Charavay. 5 vls. Paris 1883—95.
138. Valet de Viriv. = Histoire de Charles VII. et de son époque, 1403—61, par Mr. Vallet (de Viriville). T. III. Paris 1865.

139. Wake = The state of the Church and Clergy of England, by William Wake. London 1703.
140. Warkw. = A Chronicle of the first thirteen years of the reign of King Ed. IV. by John Warkworth. Ed. J. O. Halliwell. London 1839.
141. Warw.'s Rev. = La révolte du comte de Warwick contre le roi Edouard IV., published from a Ms. preserved in the public library at Ghent, by the Rev. J. A. Giles. Lond. Caxt. Soc. 1849.
142. Waurin-D. = Anciennes chroniques d'Engleterre par Jehan de Wavrin; choix de chapitres inédits, annotés et publiés par Mlle. Dupont; Paris 1858.
143. Waurin-H. = Recueil des Chroniques et Anchiennes Istories de la Grant Bretaigne, a present nomme Engleterre par Jehan de Waurin, Seigneur du Forestel. Ed. Sir William and Edward L. C. P. Hardy. London 1891. vol. V. 1447—71.
144. Weinreich = Caspar Weinreichs Danziger Chronik, hsg. von Hirsch u. Vossberg. Berlin 1855.
145. Wharton = Anglia Sacra, 2 vol. Henricus Wharton. Londini 1691 fol.
146. Wheatley = London Past and Present. By Henry B. Wheatley based upon the handbook of London, by the late Peter Cunningham. 3 vols. London 1891.
147. Wheth. = Duo rerum Anglicarum scriptores veteres viz. Thomas Otterbourne et Johannes Whethamstede. Ed. Tho. Hearnius. 2 vols. Oxfd. 1732. 8º.
148. Wilkins = Concilia Magnae Britanniae et Hiberniae, ab anno 1350 ad annum 1545. vol. III. Londini 1737. Ed. Wilkins.
149. Wills of Kings = A Collection of all the wills of the Kings and Queens of England . . . Lond. printed by J. Nichols. 1780.
150. W. Worc. Ann. = Liber niger Scacarii nec non Wilhelmi Worcestrii annales rerum Anglicarum. vol. II. Lond. 1774.
151. W. Worc. Itin. = Itineraria Symonis Simeonis et Wilhelmi de Worcestre, Cantabrigiae 1778. Ed. Jacobus Nasmith.

II. Manuscripte:

Add. Charters = Additional Charters, British Museum.
Add. Mss. = Additional Manuscripts, British Museum.
Cott. Charters = Cottonian Charters, British Museum.
Cott. Mss. = Cottonian Manuscripts, British Museum.
Egert. Charters = Egerton Charters, British Museum.
Harl. Charters = Harleian Charters, British Museum.
Harl. Mss. = Harleian Manuscripts, British Museum.
And. Issue Rolls (74—80); 1. Ed. I—19 E. IV. 357 rolls ⎫ Record
Pells Issue Rolls (82—104); 6 Henr. III—19 E. IV. etc. 1215 rolls ⎭ Office.
Lansd. Mss. = Lansdowne Manuscripts, British Museum.

Einleitung.

Um die Mitte des fünfzehnten Jahrhunderts sass ein Herrscher auf dem Throne Eduard des Bekenners, der mit Recht der unglücklichste Monarch seines Landes genannt werden kann: das ganze Leben des sechsten Heinrich gleicht dem Märtyrertum eines Heiligen, der für die Sünden seiner Mitmenschen Busse thut. Aber nicht allein seine Umgebung, sondern auch die Vorfahren hatten die Leidensbahn des gütigen Fürsten verschuldet, und äussere Einflüsse gewaltigster Art warfen ihn in den Wogen des Lebens umher, der doch für die Einsamkeit einer Klosterzelle geschaffen schien.

Mehr, denn seine Nachfolger Eduard und Richard von York hebt sich Heinrich vom Spiegelbild seines Zeitalters ab: ein gelehrter Mann und den Wissenschaften geneigt, begünstigt er Klöster und Schulen; im engen Kreis, der ihn umgiebt, weht der frische Zug einer neuen Zeit, und die Tage sind nicht mehr fern, wo die vornehmsten Männer aller Reiche aus dem festgefügten Periodenbau Ciceros und den hüpfenden Sätzen platonischer Dialektik den Geist der antiken Welt zu erkennen suchen.

In Eton[1] und Cambridge[1] werden junge Scholaren in mannigfacher Disciplin unterwiesen, während den Forschern und Künstlern in Humphrey von Gloecester ein freigebiger Gönner ersteht. Aber nicht sowohl die Symbole klassischen Altertums, als die geheimnisvollen Kräfte der Natur, sucht der Denker jener Zeit zu ergründen: während der eine nach dem Stein der Weisen späht, müht sich der

---

[1] Beckyngton II. 274 etc. Wills of the Kings 291 ff.

andere, aus unedlen Substanzen reines Gold herzustellen und die Geheimnisse des Schöpfers zu erlauschen.

An der Schwelle eines neuen Weltalters steht der letzte lancastrische König; eine Aufeinanderfolge von Erfindungen, eine Reihe der fruchtbarsten Entdeckungen ist im Werden begriffen, aber sein Jahrhundert musste abgelaufen sein, ehe die widerstreitenden Gemüter zur Ruhe und zum Genuss der neuen Geistesschätze kamen.

Denn Hand in Hand mit der intellectuellen Klärung geht die soziale Umwälzung vor sich: der Kampf zwischen Monarchie und Feudalismus sowohl, wie die Emancipation des zweiten Standes, während zu gleicher Zeit sich Weltbürgertum und Nationaldünkel, Intelligenz und Intoleranz befehden.

Nicht eine zufällige Erscheinung ist jener Mann, dem die Nachwelt den Namen des Königmachers gegeben hat, sondern nur die hervorragendste Verkörperung freien normännischen Rittertums, und lange, ehe der siebente Karl, fünfzehn Jahre vor dem schlimmen Tage von St. Albans, die aufständischen Barone Frankreichs niederwirft, herrscht im Inselreich eine latente Krisis zwischen dem Träger der Krone und dem ersten Stande Englands.

Grossvater und Vater hatten eine allzugewaltige Last auf die schwachen Schultern eines Kindes gebürdet, und Henry Monmouths Enkel hatte wohl gelernt zierliche Dactylen zu bilden, nicht aber über zwei Nationen zu herrschen. Unter ihm ging Frankreich verloren, Crécy und Azincourt wurden vergessen und der britische Offizier konnte dem spöttelnden Franzosen auf die Frage, wann der Tag der Vergeltung kommen werde, nur den mutlosen Bescheid geben: Wenn eure Sünden grösser denn unsere sein werden[1]. Der englischen Flotte jedoch war es nicht rühmlicher, als dem Heer ergangen, und die Nation konnte es dem Fürsten nicht verzeihen, dass er über dem Gelehrten den Seemann vergass[2]. Und als Margareta von Anjou

---

[1] Camden 290.
[2] Heinrich VI. vernachlässigte die Marine vollständig; cf. For-

aus der Provence herüberkommt, um mit der Rose auch die Dornen der lancastrischen Erbschaft zu übernehmen, da ist das Mass des Unwillens zum Überfliessen gebracht; alle Schuld, alles Böse heftet sich im Volksmunde an die Ferse der fremden Frau[1]); sie aber schreitet unbeirrt über die Leichen der Feinde, über die Heiligtümer des Landes hinweg, bald an eine mystische Erscheinung aus alten Tragödien, bald an die Kriemhild der Nibelungensage mahnend.

Auch von anderer Seite droht der Krone Unheil: früher, als auf dem Continent, hat jenseits des Kanals der Kaufmann das alte Joch der Unfreiheit abzuschütteln gesucht; an Stelle des Agrariers ist der Grosshändler getreten, der im Weltverkehr höheren Zielen zustrebt, als der Grundbesitzer je erreichen kann. Im Waarenaustausch mit den Städten der Hansa und dem reichen Flandern wird er lernen sich zur Hauptaufgabe seines Volkes, den Colonialbestrebungen, heranzubilden. Aber auch er muss das Alte zuerst stürzen, um für seine Ideen freie Bahn zu gewinnen, denn Heinrich VI. kann nicht dem aufstrebenden Bürgertum Garantien für eine gesunde mercantile Politik bieten, er ist selbst der ärmste Mann in seinem Land, und alle wohlgemeinten Versuche, Geld in den Staatsschatz zu bringen, misslingen: Die Dynastie, die finanziell abgewirtschaftet hat, muss auch politisch untergehen.

---

tescue 237. Capgrave 134/135. Three F. C. C. 96. W. R. C. 75 P. Lett. I. 81. Polit. Songs II. 159.

1) Gascoigne 204; 220/21.

2) Fortescue 179—187 erwähnt eine Reihe von Versuchen, die zur Regulierung der königlichen Finanzen gemacht wurden; allein die Krone war schon seit H. IV. verschuldet; um so stärker musste der Contrast zwischen dem leeren Staatsschatz und dem ungeheuren Reichtum des englischen Adels auffallen, über den sich sogar der an burgundischen Luxus gewöhnte Comines wunderte. Cf. Six centuries of works and wages by J. E. Th. Rogers 307. Gascoigne 158. Fortescue 17. Pol. Songs II. 229. 230. So pore a kyng was never seene, Nor richere lordes alle bydene; Past. Lett. II. 185. Heinrich war vielen Lords grosse Summen schuldig, wie der 48th Report of the D. K. beweist p. 415, m. 6; 416, m. 25; 417, m. 21; 426, m. 16; 429, m. 5; um sie schadlos zu halten, erlaubte er ihnen ausnahmsweise den Wollexport, cf. Carte Rolles Français II. 341, m. 16.

Auch in den Lollardenverfolgungen der Vorfahren liegt eine beunruhigende Warnung für den Herrscher; zwar ist seit dem Basler Concil an Stelle mystischer Theosophie und bornierter Dogmatik eine freiere geistige Richtung getreten und der Klerus scheint aus mittelalterlichem Schlafe erwacht zu sein; allein das ganze Land durchzieht der Wunsch nach eingreifenden kirchlichen Reformen, und nicht weniger antiklerikal als der gelehrte Pecock ist der ungebildete Rebell, der unter dem Namen Jack Cade die Fahne der Empörung aufpflanzte.

Etwas, wie ein Gewissen, gab es zu jener Zeit in England nicht[1]); Volk und Adel wechselten die Partei nach Gutdünken, und der Priester ging dem wortbrüchigen Laien mit gutem Beispiel voran. Für Männer, wie den Bischof Coppini, den Cardinal Bourchier oder George Nevil gab es kein Recht ausser dem des Stärkeren[2]).

Man wird gut thun, auch den Königmacher im Rahmen seiner Zeit zu betrachten[3]), denn der Historiker soll mehr dem Arzte gleichen, der die Schäden der Menschheit zu erklären sucht, als dem Richter, der das Urteil spricht.

---

[1]) Über die unglaubliche Corruption jener Zeit s. Pol. Songs II. 235—42. 252—53.

[2]) Geradezu unverständlich ist es, wie Milman X. 46/47 die hohen Prälaten jener Tage entschuldigen kann.

[3]) Dass die burgundischen Chronisten Warwick Übles nachreden, darf uns nicht wundern; auch Basin II. 262 ist sehr scharf in seiner Beurteilung; die herbste Kritik finden wir jedoch bei J. R. Green II. 25/26, dem sich Ms. J. R. Green I. 257/58 anschliesst.

Stammtafel I.

Eduard III.

Lionel of Clarence.		John of Gaunt.	Emond of York.
Philippa.		Henry IV., 1399—1413.	Richard, Ct. of Cambridge,
Count Roger of March.			h. Anne Mortimer; † 5. VIII. 1415.
		Henry V., 1413—1422.	
1. Count Emond of March.	2. Anna Mortimer h. Richard, count of Cambridge.		Richard duke of York, h. Cecily Nevil; † 31. XII. 1460.
		Henry VI., 1422—1461.	
		Prinz Eduard, 13. X. 1453 — 4. V. 1471.	

Stamm-

Richard Nevil,
1400—1460; h.

Richard,	Thomas,	John,	George,
12. XI. 1428—	h. 1453 Maud	geb. zw. 1428	1433?—1476.
14. IV. 1471.	Willoughby	u. 35. 1461	1456—65 Bi-
1449 Earl of	de Eresby;	Baron Montagu	schof v. Exeter;
Warwick.	† 1460	1464—70 Earl	65—76 Erz-
1460 Earl of	Wakefield.	of Northumber-	bischof v. York;
Salisbury.		land; 1470 Mar-	Lordkanzler.
h. Anne		quis; fällt 71 bei	
Beauchamp.		Barnet; h. 25.	
		IV. 57. Isabel	

Isabella,	Anna,	Ingoldesthorpe
1451—22. XII.	11. VI. 56—16.	Schwester John
1476.	III. 85.	Tiptoft's.
h. George,	h. •1; Prinz Ed-	
duke of	ward of Wales.	George,	John,
Clarence am	VIII. 1470.	5. IV. 70 duke	† 1460.
12. VII. 69.	2. Richard,	of Bedford;
	duke of Glo-	
	cester.	

Edward 1476—
9. IV. 1484.

1 Tochter,	Margaret,	Edward,	Richard,
geb. 1470,	geb. 1473.	21. II. 75—	1470—1.I.77.
stirbt bald.	h. Sir Richard	28. XI. 99.	
	Pole;	Earl of	
	sp. Countess	Warwick.	
	of Salisbury.		

tafel II.

Earl of Salisbury.
1425 Alice Montagu.

Joan, † 1487. h. William Fitzalan.	Cicely, † 28. VII. 1450. h. 1. Henry Beauchamp, duke of Warwick. 2. John Tiptoft, Earl of Worcester.	Alice, h. Lord Fitzhugh of Ravensworth.	Eleanor, h. 1. Lord Thomas Stanley 2. 1485 Earl of Derby.	Katherine. h. 1. Lord William Bouville. 2. Lord Hastings † 1483.	Margaret, h. John de Vere, 3rd Earl of Oxford.
Anne, h. Sir William Stonor.	Elisabeth, † 1515. h. 1. Thomas Lord Scrope † 93. 2. Sir Henry Wentworth † 1500.	Margaret, h. 1. Thomas Horne. 2. Sir J. Mortimer. 3. Charles Brandon, duke of Suffolk.	Lucy. h. 1. Sir Thomas Fitzwilliam; 2. Sir Anthony Brown.	Isabel, h. 1. Sir William Huddlestone. 2. W. Smith of Elford.	

Stamm-

Ed-

Edward of Woodstock, Prince of Wales; 15. VI. 1330 — 8. VI. 76. h. 10. X. 61 Joan of Kent († 8. VII. 85).	Isabella of Woodstock. g. 16. VI. 32 h. Ingelram de Coucy 27. VII. 1365.	Joan of the Tower 1333— 2. IX. 48.	William of Windsor 1334 —35.	William of Hatfield geb. † 1336.	Lionel of Anvers duke of Clarence. 29. XI. 38—17. X. 68. h. 1. Isabel, Ctess Ulster; 1352. 2. 25. IV. 68. Violanta Visconti.
Edward of Angoulême 1365—71.	Richard II. of Bordeaux, 6. I. 1367 — 1400. h. 1. 1382 Anna v. Böhmen, 2. Isabella von Frankreich. 4. XI. 96.				2. Philippa h. Edmund Mortimer. Ct. of March.
					Roger Mortimer.
					Edmund Mortimer.

Henry V.
19. IX. 87—
31. VIII. 22.
h. 2. VI. 1420.
Catherine
of France.
(† 3. I. 37.)

Henry VI.

Edward.

tafel III.

ward III.

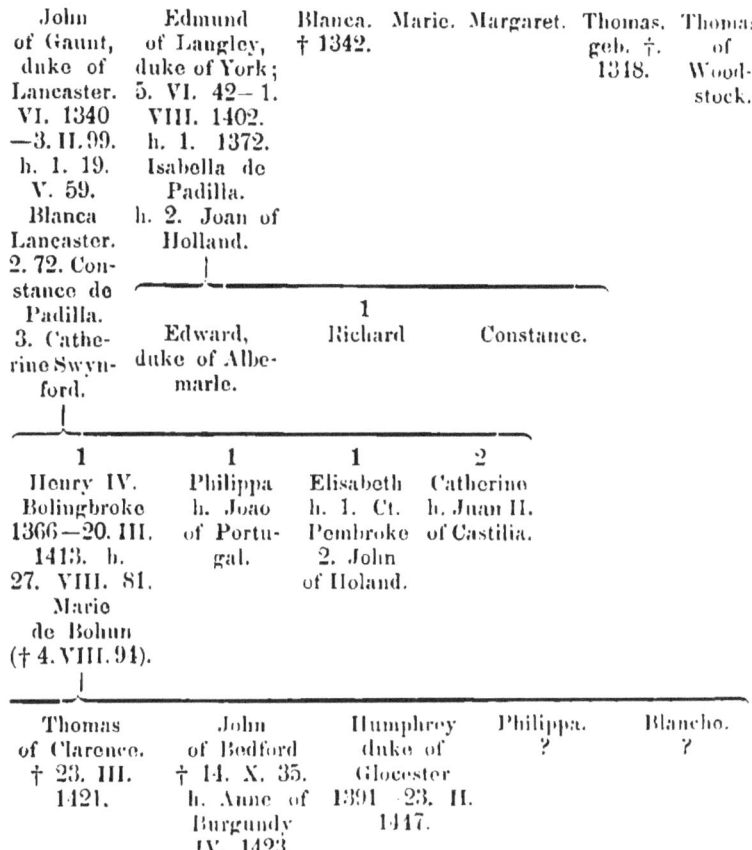

Stamm-

Richard, duke of York,
h. Cecily Nevil

Anne,	Henry,	Edward,	Edmond,	Elisabeth,	Margaret,
10. VIII. 1439—14. I. 75. h. 1. duke of Exeter. 2. Sir Tho. St. Leger.	† 10. II. 41.	28. IV. 42 —9. IV. 83. h. 1. V. 64. Elisabeth Woodville († VI. 1492).	geb. 17. V 43.	geb. 22. IV. 44. h. duke of Suffolk.	3. V. 46— 1503. h. 10. VII. 68. Karl den Kühnen v. Burgund.

Elisabeth.	Mary,	Cecily,	Edward V.	Margaret,	Richard,
11. II. 66 —11. II. 1503. h. 18. I. 86. Henry VII.	VIII. 1407 —23. V. 82.	1469?— 24. VIII. 1507. h. 1. John, Lord Wells. 2. Thomas Kyme.	1. XI. 1470 —VIII. 1483.	10. IV. 72 —11. XII. 72.	duke of York. 28. V. 74 —VIII. 1483, verm. 15. I. 78 mit Anna Mowbray.

tafel IV.

?—31. XII. 1460.
(† 31. V. 95).

William, geb. 7. VII. 47.	John, geb. 7. XI. 48.	George, duke of Clarence. 1449—18. II. 78. h. 12.VII.69. Isabel Nevil († 12. XII. 76). ――――― cf. Tafel II.	Thomas, 1450—51.	Richard, duke of Glocester. 2. X. 1452 —22. VIII. 85. h. 12. VII. 72. Anne Nevil († 11. III. 85). ――――― cf. Tafel II.	Ursula. ?
Anne, 2. XI. 75 —1510? h. 4. II. 95. Tho. Howard, duke of Norfolk.	George.	Catherine, 1479—15. XI. 1527. h. 1495. Lord William Courtenay.	Brigit, 10. XI. 1480— 1517?		

Erstes Kapitel.

Wo der Mann, der unter dem Namen des Königmachers in der englischen Geschichte eine so grosse Rolle gespielt hat, geboren ist, und wie er seine Jugend verbracht hat, meldet uns kein Chronist; vom Tage seiner Geburt bis zu seiner Heirat liegt sein Leben völlig im Dunkeln.

Vermuten dürfen wir, dass der Sohn Richard Salisburys und Alice Montacutes schon in frühen Jahren durch Reisen nach den verschiedenen Grafschaften, in denen sein Vater angesessen war, jene genaue Kenntnis des Volkscharakters erhielt, durch welche er einst der populärste Mann Englands werden sollte.

Dass seine Erziehung mehr auf militärischer, denn auf gelehrter Schulung beruhte, beweist seine ganze spätere Laufbahn: ausser dem Umstand, dass er im Jahre 1460 mit seinem Bruder George an der Gründung von St. Williams College in York beteiligt war[1], verrät uns nichts eine Neigung für Kunst oder Wissenschaft. Am 23. Juli 1449[2] stellte König Heinrich VI. ein Patent aus, welches Richard Nevil einen Ländercomplex verlieh, der die Güter der Warwicks und Beauchamps umfasste, und einige Worte der Anerkennung, welche der Monarch dem neuen Earl widmet, beweisen, dass dieser, obwohl kaum mündig, Zeit gefunden hatte, am englischen Hof als Weltmann und

---

[1] Doyle III. 587.
[2] Lansd. Ms. 317. Art. 18. fol. 98 ff. cf. Dugdale I. 301. Oman 33. Rowland 74; durch das Patent wird er Earl of Warwick and Aumarle and Newburghe, Baron of Elmley and Hanslape, and Lord of Glamorgan and Morgannoc; ferner erhielt er den Titel Premier Earl of England, den sein Vorgänger am 2. Apr. 1444 bekommen hatte. Lansd. Ms. 317. Art. 18 fol. 97.

Krieger eine Rolle zu spielen[1]). Dann war er, der Familientradition gemäss, eine reiche Erbin freien gegangen, und Anne Beauchamp, durch den Tod ihres Bruders Henry und ihrer Nichte Anne die Herrin zahlloser Besitzungen, war ihm als Gattin nach London gefolgt[2]). Naturgemäss musste ein Baron, der so viel Grund und Boden sein Eigen nannte, grossen Einfluss gewinnen in einer Zeit, wo jeder Feudalherr ein kleiner Monarch und der König der Spielball der eigenen Partei war. Nur unwillig hatte daher William de la Pole, Herzog von Suffolk, die Zustimmung zur Heirat seines Mündels gegeben, denn er war ein alter Gegner Salisburys[3]) und fürchtete die Besitzanhäufung der Nevils mit gutem Grunde.

Das Jahr 1449 war bedeutungsvoll für die englische Geschichte und das lancastrische Königshaus, weil es den unglücklichen Ausgangspunkt der hundertjährigen Continentalpolitik bildete: die letzten Städte der Normandie gingen verloren, und die Capitulation von Rouen machte der englischen Suprematie über Frankreich ein Ende. Dass einige Jahre später der Kampf noch einmal entbrannte, der tapfere Talbot, der letzte Vicekönig von Aquitanien fiel, und Karl VII. endgültig Bordeaux in Besitz nahm, war nur eine notwendige Folge des Jahres 49: in Rouen war die Ehre der Nation zu Grabe getragen worden, und die Günstlinge der Königin, Suffolk und Somerset, hatten, der eine durch politische[4]), der andere durch militärische[5]) Unfähigkeit das nationale

[1]) Das Patent erwähnt seine Thaten in Schottland, sowie seine Verdienste um des Königs Person; letzteres deutet auf ein Hofamt hin.
[2]) Past. Lett. I. 127. [3]) „Now is tyme of Lent, the Fox is in the Towre. Therfore sende hym Salesbury, to be his confessoure." Pol. Songs II. 224. Fox ist Suffolks Spitzname.
[4]) „Suffolk Normandy hath swolde" Pol. Songs II. 221; über die Stimmung gegen ihn cf. 224 –25, 231 –34.
[5]) Edmund Beaufort, Earl of Somerset, Herzog seit 31. III. 1448, hatte Heinrich VI. Vetter, Richard von York im Commando ersetzt Stevenson I. 479. 481. Seitdem war die Disciplin schlechter geworden Cosneau 398; der durch S. verursachte Verlust von Rouen und Caben hatte ihn in England, mehr noch, als seine bevorzugte Stellung bei Hof verhasst gemacht. Pol. Songs II. 221.

Unglück verschuldet. Der Sieg des Erbfeindes sollte aber zur Bildung zweier Parteien führen, welche der Schwächling, der auf dem Throne sass, trotz aller Bemühungen nicht vereinigen und nicht zähmen konnte; jedermann aber wusste, wer mit Notwendigkeit an die Spitze der Fronde treten musste: Richard von York, ein Vetter Heinrichs, durch rühmliche Kriegsthaten in Wales, Irland und Frankreich bekannt[1]). 1445 hatte er das Obercommando in Guyenne und Normandie zum zweiten Male erhalten[2]); allein nach 3 Jahren stürzten Suffolk und Somerset den volkstümlichen Mann, und York ward als Vicekönig von Irland ins Exil geschickt[3]). Aber die Berechnungen der beiden Minister schlugen fehl: mit Richards Abgang schien die Katastrophe in Frankreich besiegelt zu sein, und auch in anderer Beziehung trug die Verbannung nach der grünen Insel nicht die erwünschten Früchte. Man hatte gehofft, den Herzog durch seine Fernhaltung vom Hof den heimischen Verhältnissen zu entfremden[4]), allein Salisbury und Fauconberge, Yorks Verwandte und Kriegsgenossen[5]), sowie sein Neffe Warwick waren die geeigneten Männer, um seine Sache in Westminster zu vertreten[6]); man hatte geglaubt, den gefährlichen Gegner in unabsehbare Kämpfe zu stürzen, indem man ihm das missliche Amt eines irischen Statthalters gab; aber York hatte — im Gegensatz zu seinen Vorgängern — es verstanden, Volk, Adel[7]) und Parlament[8])

---

[1]) F. for the Fetterlok [York] th'is of gret Substaunce, That hathe movid many maters thorow his mediacion. In England and in Wales, in Scotland, [heisst Ireland, wie Herausg. richtig bemerkt], and in France, He ridethe and rulethe withe ryalle reputacion. Arch. Brit. XXIX. 332; das Gedicht ist vom Mai 1460.

[2]) Kennet-White I. 394.

[3]) Wheth. II. 346. Hist. Coll. 189. Gascoigne 42. Chron. Script. Inc. IV. 35 „contra voluntatem suam.

[4]) Kennet-White I. 399.

[5]) Add. Charters 1170, 1171. Rowland 85.

[6]) Cott. Ms. Vesp. F. XIII. 37.

[7]) Gilbert, Viceroys 353, 358. Turner III. 205. Holinshed VI. 268. Ellis II. I. 117—24.

[8]) Gilbert, Jr. Mss. 121. Ellis I. II. 117—124.

für sich zu gewinnen. Ein Vorwand, seinen Posten zu verlassen, sobald die irischen Verhältnisse consolidiert waren, konnte leicht in der finanziellen Abhängigkeit der Krone gefunden werden[1]), und die Abrechnung, die nur noch eine Frage der Zeit war, musste furchtbar für die unfähigen Staatsmänner enden. Der Bürgerkrieg schien unvermeidlich geworden, und während Somerset im September des Jahres 49 die englischen Provinzen des Festlandes auslieferte, rüsteten die beiden Barone beider Parteien zum Kampfe.

Wohl hiess es in den Verträgen, die der hohe Adel mit den kleinen Grundbesitzern schloss, die Verpflichtungen der Letzteren seien nur gültig „saving the allegiance to the King"[2]); aber dieser Vorbehalt war eine Klausel, die nur solange Geltung hatte, als der Frieden im Lande herrschte und beide Parteien den Anspruch auf Loyalität mit gleichem Rechte erheben konnten.

Bald genug sollte der Kampf beginnen. Wenige Monate nach der unglücklichen Schlacht bei Formigny[3]) wurde Suffolk, der von der Rache des Volkes zu dem ihm befreundeten Buckingham nach Calais floh, im Kanal von Dover gefangen genommen und getötet[4]); das Volk aber

---

[1]) Holinshed VI. 267/68 erwähnt einen Brief Yorks an Salisbury, in welchem sich ersterer über den Geldmangel beklagt, er schreibt, er wolle selbst nach England kommen und sich wegen der schwierigen Verhältnisse in Irland rechtfertigen „for it shall neuer be chronicled nor remaine in scripture that Ireland was lost by my negligence". Das Schreiben datiert vom 15. VI. 1450; aber noch 1458 war Heinrich VI. dem Herzog Geld schuldig. Carte, Rolles II. 311.

[2]) Oman erwähnt einen derartigen Vertrag zwischen Salisbury und Walter Strykelonde, wie immer ohne Quellenangabe.

[3]) Du Clercq XII. 57–61.

[4]) W. Worc. 469. Engl. Chron. 63. Hist. Coll. 190. Past. Lett. I. 124. 126. Maior 316. Arch. Brit. XXIX. 320 bewahrt ein Spottgedicht auf s. Tod; 1. Vers lautet:

In the monethe of Maij, when gresse groweth grene,
Flagrant in her floures, w^t sweet savour,
Jac Napes [Spitzname S.'s], wolde ouer the see, a maryner to ben
With his cloge and his cheyn, to seke more tresour
Suyche a payn prikkede hym, he asked a confessour:

sah darin ein Gottesgericht für die Ermordung des guten Herzogs Humphrey[1]).

Nichts beweist deutlicher die gänzliche Ohnmacht König Heinrichs[2]), als dass er weder diesen Mann, der ohne Zweifel hoch in seiner Gunst stand, retten, noch auch seine Mörder bestrafen konnte.

Der Tod des verhassten Suffolk aber konnte den Groll des empörten Volkes nicht beschwichtigen. Wohl war das Parlament am 29. April in Leicester zusammengetreten, zahlreich waren die Lords erschienen, aber die Regierung war durch den Ausbruch nationalen Unwillens um nichts weiser geworden: man beschäftigte sich wieder einmal mit dem Versuch einer Staatsschuldendeckung[5]) und überging die politischen Vorgänge des letzten Jahres vollständig.

So gährte die Unzufriedenheit weiter fort und bald verlangte sie neue Sühne. In London fiel Lord Say[6]) als Opfer des Parteikampfes; in Wiltshire Bischof Ayscough[7]), der einst den unseligen Bund zwischen Heinrich und Mar-

---

Nicholas said, "I am redi, thi confessour to be".
He was holden so, that he ne passed that hour;
For Jac Napes soule, Placebo and Dirige.

Auch Hist. Croyl. 525 nennt ihn Verräter; indes gar manchen, der ihn für unschuldig hielt, rührte die Tragik seines Geschicks; so schreibt v. John Paston am 5. V. 1450: Iam right sory of that I shalle sey, and have soo wesshe this litel bille with sorowfulle terys".

Die Meinnug, York habe an Suffolks Tod Schuld gehabt, ist eine ebenso willkürliche Erfindung, wie die Annahme, er habe Glocester aus dem Wege geräumt. cf. Pius. Op. 442. Du Clerq XI. 83.

[1]) Humphrey Plantagenet, Herzog von Glocester, Heinrich IV. vierter Sohn, war 1446 in der Haft in Burg St. Edmunds gestorben; im Volke hielt man Suffolk für seinen Mörder.

[2]) Auch sein Entscheid, als Suffolk vor dem Oberhaus angeklagt war, hatte von grosser Schwäche gezeugt. Rot. Parl. V. 183.

[3]) Rot. Parl. V. 172.

[4]) Past. Lett. I. 127. Warwick war mit 500 Mann dort.

[5]) Sie betrug Pfd. 372000; 24000 jährliche Ausgabe gegen 5000 Einnahme.

[6]) James Fienes, Lord Saye and Sele war zur Zeit Finanzminister; seine Unbeliebtheit bew. Pol. Songs II. 229/30. Über s. Tod cf. Hist. Coll. 192. W. Wors. 471.

[7]) W. Worc. 470. Hist. Coll. 194.

gareta geschlossen hatte; ein Aufstand erhob sich in ganz
Mittelengland, und ein fähiger Führer trat an die Spitze.
Jack Cade besass mehr, denn gewöhnlichen Bauernverstand; über dem Verlangen nach durchaus berechtigten
inneren Reformen vergass er nicht das Nationalgefühl aufzustacheln, indem er einen Feldzug nach Frankreich predigte;
mit seinen Rebellen erliess er Manifeste, in denen Yorks
Name genannt wurde, und die Unzufriedenen liessen sich
scharenweise durch den Köder anlocken.

Jetzt schien die Zeit zum Handeln für Richard gekommen: er selbst war gedeckt, und wenn auch sein Programm mit dem des Bauernführers übereinstimmte, so war
doch nicht mit Sicherheit nachzuweisen, dass er an der
Empörung beteiligt war[1].

Allein mochte man ihm immerhin am Hofe und im
Volke eine leitende Rolle in jenem Aufstande zuschreiben:
er schien sich nicht darum zu kümmern, und jeder Schein
eines Einverständnisses musste schwinden, als er ruhig
zusah, wie Cade an dem Widerstand der königlichen
Truppen scheiterte[2]. Kaum aber zeigte sich der Hof
wieder in Sicherheit, da verliess Richard plötzlich ohne
Erlaubnis seinen Posten und zog in Eilmärschen auf London zu. Indem er die Initiative ergriffen hatte, gelang
es ihm, seine Feinde zu überraschen, und trotz einiger
Überfälle und Hemmungen durch lancastrische Lords[3]
kam er glücklich mit seiner kleinen Armee in der Hauptstadt an[4].

Nicht lange vorher war auch sein alter Gegner Somerset aus der Normandie zurückgekehrt, und heller, denn
je, schien die Sonne königlicher Gnade über seinem
Haupt zu leuchten. Heinrich hatte offenbar keine Ahnung
von dem Unwillen des Volkes gegen seinen Liebling. Indes York war besser über die allgemeine Stimmung unter-

---

[1] Holinshed VI. 267 hält ein Einverständnis für ausgemacht.
[2] Leland, Coll. I. p. II. 495.
[3] Past. Lett. I. 151. Chron. Inc. Script. IV. 42.
[4] Stow, Ann. 391. Past. Lett. I. LX.

richtet; er dachte den Kampf aufzunehmen und seinen alten Rivalen zu stürzen. Anfangs schien es, als ob ihn das Glück begünstigte: der König gewährte ihm und seinem Freunde, William Oldhall, Audienzen [1]) und erklärte ihn ganz offen für loyal; das Parlament, das im November zusammengetreten war, nahm seine Partei [2]), und Somerset wurde verhaftet. Allein noch war der Einfluss Margaretas zu mächtig, um eine Verurteilung des Ministers zu ermöglichen; er ward wieder auf freien Fuss gesetzt, neue Ehrenstellen wurden ihm verliehen [3]), der wichtigste Posten des Reiches, Calais, ihm, der eben erst einen so erdrückenden Beweis seiner Unfähigkeit geliefert hatte, anvertraut [4]); sein Einfluss auf den König und einen grossen Teil des Hochadels war ungebrochen, und am Hofe tauchten wieder Gestalten auf, die man seit Suffolks Zeiten nicht mehr gesehen hatte.

Inzwischen war Richard voller Missmut nach Ludlow übergesiedelt; sein erster Sturm war abgeschlagen worden, und die Unsicherheit der Regierung in allen Fragen machte ihm doppelte Vorsicht zum Gesetz.

Nur eines stand fest: der König musste vorläufig ganz aus dem Spiel gelassen werden, und jeglicher Angriff durfte sich nur gegen den Günstling richten, der statt des Trägers der Krone über die Geschicke des Landes bestimmte. Ausser diesem leitenden Gedanken war Yorks Politik ebensolchen Schwankungen unterworfen, wie die seines königlichen Vetters; er fühlte sich nicht sicher genug und fand auch in den Nevils nicht die unbedingte Stütze, die er wohl erwartet hatte. Das Schicksal seines Vaters, der als Empörer gegen Heinrich V. gefallen war, mochte ihm vorschweben.

Ein unerwartetes Ereignis sollte seinem Zögern ein

---

[1]) Rot. Parl. V. 210. Past. Lett. I. 150/51.
[2]) Rot. Parl. V. 216.
[3]) Er wurde „Constable of England" Rym. XI. 276 und kurz nach Weihnachten Minister des kgl. Hauses. Past. Lett. I.
[4]) W. Worc. Leland, Coll. I. p. II. 495. Rep. of the Dep.-K., 48th 389. m. 17.

Ende bereiten. Am 9. Januar 1452 hatte er noch ein Schreiben an seinen König gerichtet, in dem er ihm aufs heiligste der unbedingten Ergebenheit versicherte[1]). Da kamen, wenige Tage darauf, Nachrichten aus Frankreich, die einen neuen Misserfolg des englischen Cabinets bedeuteten: Calais, das letzte Bollwerk auf französischem Boden, stand vor einer Belagerung[2]). Jetzt beschloss York die Maske abzuwerfen; einer plötzlichen Eingebung folgend, zog er, ohne Zusicherungen der Nevils und anderer Freunde, auf London zu[3]). Es gelang ihm auch die Truppen Somersets zu umgehen, aber die Hauptstadt öffnete nicht ihre Thore[4]). Jetzt gab es nur einen Ausweg, den Kampf auf offenem Felde, und am 1. März lagen sich beide Heere bei Blackheath gegenüber; eine friedliche Lösung schien ausgeschlossen. Salisbury und Warwick waren jedoch nicht gesonnen, auf Seiten Edmund Beauforts gegen ihren Blutsverwandten zu kämpfen; auch andere Edelleute schlossen sich ihnen an, und der König gab seine Einwilligung zu einer Gesandtschaft an den rebellischen Herzog. Die Häupter des englischen Hochadels begaben sich in das Lager Richards von York; eine kurze Besprechung folgte, und nachdem man dem Herzog versprochen hatte, Somerset verhaften zu lassen und die Klagen, die gegen ihn erhoben waren, zu prüfen, entliess er ohne Zögern seine Truppen[5]).

Kaum aber waren die letzten Rebellen abgezogen, da merkte er, dass nicht Somerset, sondern er selbst der Gefangene war[6]), und dass er einer plumpen Täuschung zum Opfer gefallen. Indess am Hofe wusste man nicht, was mit dem unruhigen Grossen anzufangen war; zudem

---

[1]) Stow, Ann. 393.
[2]) Past. Lett. I. LXXIII. cf. Ellis I. l. 11—13.
[3]) Am 3. II. 1451 hatte er eine Proclamation an die Bürger von Shrewsbury erlassen, worin er zum Kampf gegen Somerset aufforderte. Proc. VI. 116 Ellis I. l. 11—13.
[4]) Past. Lett. I. LXXIV. Chron. Lond. 137.
[5]) Fabyan 626.
[6]) Engl. Chron. 69, 70. Ellis I. l. 11.

hatte sich das Gerücht verbreitet, Eduard von March, ein Knabe von 12 Jahren, ziehe mit 10000 Wallisern heran, um seinen Vater zu befreien. So wurde Richard gegen das Versprechen, Frieden zu halten, freigelassen[1]): die Lage war wieder genau so, wie bei seiner Rückkehr aus Irland.

Das Jahr 1452 liegt ziemlich im Dunkeln; nur der Umstand, dass Heinrich II. seinen Vetter im August auf dessen Schloss Ludlow besuchte[2]), deutet auf eine Besserung im Verhältnisse der Parteien hin. Von der Commission, die der König schon vor Yorks Verhaftung eingesetzt hatte, um dessen Anschuldigungen gegen Somerset zu erwägen[3]), verlautet nichts mehr. Bourchier, Salisbury und Warwick waren mit unter den Commissären; aber es scheint, dass Yorks Material nicht genügte, um die Schuld seines Gegners zu erweisen. In einem Punkte war er gewiss zu weit gegangen; das war, als er Somerset vorwarf, er wolle Calais an Frankreich ausliefern. Gegen eine grosse Entschädigungssumme hatte Buckingham diese Stadt an den Herzog abgetreten[4]), und diesem musste wohl daran gelegen sein, im Fall der Not einen Zufluchtsort zu haben. Die allgemeine Amnestie, welche der König erlassen hatte[5]), bereitete wohl auch dem Untersuchungstribunal ein Ende, und als das Parlament wieder zusammentrat, waren die Gemüter so weit beruhigt, dass die Hauptaufgabe der Session darin bestand, die Kronschulden an den geizigen[7]) Somerset zu regeln[8]).

---

[1]) Am 10. März 1452. Rot. Parl. V. 346. Stow, Ann. 395. Chartier II. 124.

[2]) Past. Lett. I. LXXXVI; der Besuch zwang York einen Teil seiner Juwelen zu verkaufen. Past. Lett. I 249.

[3]) Die Anklageschrift ist uns erhalten; s. Past. Lett. I. LXXVII —LXXX.   [4]) W. Worc. 476. Rot. Parl. V. 206. 223.

[5]) Wheth. II. 317.

[6]) Das Parlament trat am 6. III. 1453 in Reading zusammen und wurde dann auf den 25. IV. nach Westminster vertagt. Rot. Parl. V. 227—31.

[7]) Basin I. 193; Somerset hatte dabei von seinem Onkel, dem Cardinal Beaufort, immense Reichtümer geerbt. Sein Verhalten contrastiert lebhaft mit der Uneigennützigkeit Yorks. Rot. Parl. V 252.

[8]) Seine Forderung betrug über 20000 Pfd. Rot. Parl. V 233.

Inzwischen war auf dem Continent der Kampf wieder ausgebrochen, und die Engländer hatten versucht, die verlorenen Provinzen zurückzuerobern. Wenn es Somersets Absicht gewesen, durch auswärtige Kämpfe die Blicke der Nation von den eigenen Angelegenheiten abzuwenden, dann war seine Politik von grundaus verfehlt; im August 1453 kamen die Unglücksbotschaften nach England: Shrewsbury, in der Geschichte bekannt als Lord Talbot, war auf dem Schlachtfelde geblieben[1]), und der letzte Versuch, Guyenne zu halten, misslungen[2]).

Dieser endgültige Zusammenbruch musste gegen Somerset zeugen: er hatte für eine hoffnungslose Sache gestritten, aber er hatte auch gezeigt, dass er einer schwierigen Lage nicht im geringsten gewachsen war. Grosse Erfolge konnte York während seiner Statthalterschaft in Frankreich auch nicht aufweisen; aber alles Unheil, das die Engländer betroffen hatte, war nach seiner Abberufung geschehen, und die Nation sah in ihm den Einzigen, der helfen konnte. „The Falcon fleeth and hath no rest Till he wit where to bigg his nest", heisst es in einer alten Ballade aus jener Zeit[3]), und es schien auch, als ob der Wille des Volkes in Erfüllung gehen sollte.

Die Aufregungen und Misserfolge der letzten Zeit waren nicht spurlos an Heinrich II. vorübergegangen: wenige Tage, nachdem die Nachrichten vom französischen Kriegsschauplatz eingetroffen waren, bekam der König einen Anfall geistiger Umnachtung[4]), die sich in tiefer Melancholie äusserte; 18 Monate lang blieb er in einem Zustand gänzlicher Hülflosigkeit, der ihn sogar am Gehen hinderte. Es war klar, dass Margareta und Somerset beabsichtigten, selbst im Namen des Königs zu regieren; allein gesetzmässig war Richard während Heinrichs Krank-

---

[1]) Ribadieu 282.
[2]) Am 4. August kam die Nachricht nach England. Stevenson II. 487/88.
[3]) Exc. Hist. 162 (aus Cott. Charters II. 23).
[4]) Am 10. August in Clarendon. Rot. Parl. V. 240. Weth. II. 349. W. Worc. 477.

heit als Protector zu betrachten. Die Krone Englands schien ihm verheissend zu winken, und wenn er je dynastische Pläne gehegt hatte, dann schien jetzt der Augenblick zur Verwirklichung derselben gekommen zu sein. Er mag sich wohl schon in stolzen Träumen gewiegt haben, da trat plötzlich ein Ereigniss ein, das keiner vermutet hatte: nach achtjähriger, kinderloser Ehe schenkte Margareta am 13. Oct. einem Knaben das Leben[1]). Volk und Adel waren, was die Abstammung des neuen Kronerben betraf, gleich misstrauisch; überall hiess es, das Kind sei ein Bastard, oder untergeschoben, aber kein echter Sohn des Königs[2]). Warwick gehörte mit zu den eifrigsten Verbreitern dieser Verleumdung[3]); allein mochte man die rechtmässige Geburt des Knaben noch so sehr in Zweifel ziehen, die Thatsache liess sich nicht leugnen, dass der neue Thronfolger in den Händen der lancastrischen Partei viel gefährlicher werden konnte, als es sein unglücklicher Vater je gewesen war.

Margareta und Somerset liessen nicht lange mit einer klaren Absage an Richard auf sich warten; Ende October wurde eine Versammlung nach Westminster einberufen, zu der York nicht geladen war[4]). Allein die Nevils und ihr Anhang bestanden darauf, dass er zur Beratung zugezogen würde, und am 21. Nov. erschien der Herzog zum ersten Mal im Staatsrat[5]). Die Verhandlungen versprachen lange zu währen, und das Parlament, welches um dieselbe Zeit in Reading zusammengetreten war, wurde vertagt[6]). Vor den Pairs aber erhob Yorks Neffe, der junge Herzog von Norfolk, Klage gegen Somerset. Er warf ihm den Ver-

---

[1]) Fabyan 627. Engl. Chron. 70.
[2]) Engl. Chron. 79, Hall 230. Monstrelet XIV. 79. Hist. Coll. 198. Fabyan 628. 640. Basin I. 299. Chastellain III. ch. 206 cit. v. Quicherat. Pius II. Comm. 89.
[3]) Basin II. 221—23.
[4]) Proc. VI. 163. Past. Lett. I. LXXXXVIII.
[5]) Proc. VI. 163—165.
[6]) Es war auf den 12. XI. nach Reading berufen worden. Rot. Parl. V. 236.

lust von Normandie und Guyenne und den Tod so vieler
tapferer Krieger vor und meinte, andere Leute seien für
geringere Sachen geköpft worden[1]). Und so drohend
wurde die Haltung einzelner Barone, dass Somerset es für
geraten hielt, in den Tower zu wandern und bessere Zeiten
abzuwarten. Die Hauptfrage schien jetzt ihrer Lösung
entgegenzugehen, und jeder eilte nach Hause, um sich auf
die Kämpfe, die man in der Hauptstadt erwartete, vorzubereiten. Anfang Januar 1454 kehrten die meisten Lords
nach London zurück, wo die Königin sie mit einem Protokoll
überraschte, in dem sie unumschränkte Gewalt in welt-
lichen und geistlichen Angelegenheiten beanspruchte[2]).

Während Somersets Agenten, als Matrosen und Mönche
verkleidet, unter Yorks Anhängern spionieren gingen, hatte
Norfolk mit seinen Leuten die ganze Umgebung des Towers
besetzt[3]). Am 21. Januar 1454 kamen die Nevils an,
Warwick mit 1000 Mann; 4 Tage später York mit seinem
ältesten Sohn und Edmund und Jasper Tudor, Heinrichs
Halbbrüdern[4]). Aber die Zeit, wo das Schwert entscheiden
sollte, war noch nicht gekommen; trotzdem die adligen
Vertreter der Nation mehr nach Kampf, als nach Beratung
aussahen, wurden endlose Verhandlungen gepflogen, um
ein Blutvergiessen zu vermeiden. Ein Versuch, den König
aus seiner Lethargie zu erwecken, scheiterte[5]); Heinrich VI.
schien für die Menschheit verloren zu sein.

Am 14. Februar 1454 trafen sich beide Häuser in
Westminster[6]), und jetzt musste sich zeigen, ob die Vertreter des Volkes den Adel zu einem entscheidenden Schritt
bewegen konnten. Die Parlamentssession begann damit,
dass der Erzbischof von Canterbury und Kanzler von

---

[1]) Past. Lett. I. 259—61.
[2]) Past. Lett. I. 265.
[3]) cf. Past. Lett. I. 263—68.
[4]) Past. Lett. I. 266; ihre Verhaftung wurde befürchtet.
[5]) Past. Lett. I. 263/64.
[6]) Das Parlament war am 12. XI. auf den 11. II. nach Reading vertagt worden; der Finanzminister Worcester vertagte es dann auf den 14. II. 54. Rot. Parl. V. 238—40.

England, Kemp, mit neuen und schweren Forderungen für die Sicherheit des Reiches vor den Gemeinen erschien. Zum ersten Male während Heinrichs II. Regierung wandte sich die Fürsorge seiner Minister der Flotte zu; aber einen unglücklicheren Zeitpunkt hätte man in den letzten 32 Jahren nicht finden können. Grosse Summen waren im März und April[1]) des vergangenen Jahres zu Reading und Westminster bewilligt worden, um den König finanziell zu halten; das Land war erschöpft von den langen Kriegslasten; Heinrichs Umnachtung und Somersets Intriguen schienen keine Änderung in der auswärtigen Politik zu gestatten, und damit nicht genug, auch im eigenen Lande tobte der Bürgerkrieg, und die Nachrichten aus Yorkshire[2]), wo die Percies und Nevils seit vorigem Sommer das Land verheerten, lauteten besorgniserregend. Am 19. liess das Unterhaus dem Kanzler mitteilen, dass es jede fernere Steuer verweigere, dagegen darauf bestehe, dass sich ein Ausschuss aus Mitgliedern des Hochadels bilde, der vorläufig die wichtigsten Regierungsgeschäfte besorgen sollte. Ähnliches hatte der König in gesunden Tagen schon gewünscht[3]), und Kemp, einer der fähigsten Männer aus Winchesters Schule, wäre klug genug gewesen, die Forderung der Abgeordneten vor dem Oberhaus zu vertreten. Allein 3 Tage, nachdem die Petition abgesandt worden war, schied der Kanzler aus dem Leben, und zwei weitere Ämter waren erledigt. Vergebens bemühten sich die Barone am nächsten Tage die Meinung Heinrichs zu erforschen; er war teilnahmslos gegen alle Reden und verstand nicht, was man von ihm wollte[4]). Da blieb den Lords nichts anderes übrig, als die Zügel der Regierung in die Hand des Herzogs von York zu legen, und am 27. Februar 1454 wählten sie Richard, ohne erst das Unterhaus zu befragen, zum Protector[5]).

---

[1]) Rot. Parl. V. 227—36.
[2]) Proc. VI. 140—42; 147—49; 154—55. Harl. Ms. 50. Art. 3. Leland, Coll. I p. II. 496.
[3]) Rot. Parl. V. 241.
[4]) Rot. Parl. V. 241.
[5]) Über Präcedenzfälle von Protectoraten s. Hallam II. 432—35.

Die erste Aufgabe des neuen Regenten war die Bildung eines ihm ergebenen Ministeriums: York selbst liess sich den Oberbefehl in Calais, wo ein Angriff der Franzosen befürchtet wurde [1]), übertragen [2]); das Kanzleramt wurde Salisbury [3]) gegeben, und so kam zum ersten Mal seit einem halben Jahrhundert dieser Posten wieder an einen Laien — gewiss ein bemerkenswerter Umstand in einer Zeit, wo die Geistlichen allein fähig schienen, Politik zu treiben. Das Primat von Canterbury erhielt Bourchier, ein Mann, der alle Fehler und keinen Vorzug seines Vorgängers besass. Warwick war kurz vorher zum Mitglied des Staatsrates [4]) und zum Commandeur der Westmark [5]) ernannt worden; seinem Bruder George wurde der nächste vacante Bischofsitz versprochen [6]). Ausser der leicht erklärlichen Bevorzugung der Nevils konnte man dem Protector nichts vorwerfen; er regierte mit grosser Mässigung und vermied jegliche Differenz mit der Gegenpartei. In Yorkshire tobte der Kampf fort zwischen den Percies, denen sich seit kurzem Exeter angeschlossen hatte, und John Salisbury, Warwicks Bruder [7]); der Kanzler konnte von London, wo ihn neben Staatsgeschäften Privatprocesse [8]) aufhielten, nicht abkommen, und so entschloss sich York, in eigener Person unter den kriegerischen Baronen Frieden zu stiften. Es gelang ihm auch den Streit in Yorkshire, sowie die Uneinigkeit zwischen Lord Bonville und dem Earl of Devon zu schlichten [9]), und als er Anfang

---

[1]) Past. Lett. I. 290.
[2]) Er erhielt am 18. VII. 54 Calais auf 7 Jahre. Rep. of the Dep.-K., 48th m. 401. 2. cf. 403. m. 22.
[3]) Am 2. IV. 51. Rot. Parl. V 254. Rym. XI. 351, 311. Proc. VI. 168.
[4]) Am 6. XII. 53; cf. Doyle III. 586 u. Proc. VI. 165.
[5]) Am 20. XII. 53; er behielt diesen Posten bis 1459. s. Rot. Scot. m. 5.
[6]) Proc. VI. 169.
[7]) Proc. VI. 178. Past. Lett. I. 290, 293. Chron. Inc. Script. IV. 45.
[8]) Add. Charters 16946.
[9]) Proc. VI. 193—97.

Juli 1454 nach der Hauptstadt zurückkehrte, herrschte endlich wieder Ruhe in ganz England. Auch der lancastrische Adel konnte nicht klagen; nur Somerset sass noch im Tower, wie er seinem Schwager Jakob von Schottland versicherte, mehr seiner eigenen Sicherheit halber, denn aus Zwang[1]). Der Staatsrat hatte in seiner Sitzung vom 18. Juli beschlossen, das Urteil über den Herzog solle am 28. October verkündet werden; indessen kam der November heran, und statt Somersets Freilassung erfolgte die Verhaftung des unruhigen Exeter, den York in Pontrefact einsperren liess[2]). Adel und Volk waren zu sehr mit der gegenwärtigen Besserung der Lage einverstanden, um sich irgendwie in Richards Anordnungen einzumischen. Keine Spur dynastischer Regungen liess sich an dem besonnenen Regenten entdecken; er selbst gehörte mit Warwick und Salisbury zu der Commission, die den Thronfolger zum Prinzen von Wales ernennen sollte[3]).

Die Wohlfahrt und der Frieden des Landes schienen auf Jahre hinaus gesichert zu sein, da kam im Dezember 1454 der Umschlag. Der König wurde wieder gesund[4]), Somerset verliess sein Gefängnis[5]), und seine Gegner wurden ihrer Ämter entsetzt[6]). York ging nach Sandal, Salisbury nach Middleham, um dort voll banger Sorgen für die Zukunft, das Weinachtsfest zu begehen. Für seine Person hatte York von rechts wegen nichts zu fürchten; er war klug genug gewesen, sich beim Antritt der Regent-

---

[1]) Ramsay II. 168 cit. Harl. Ms. 543 (Palgrewe).
[2]) Proc. VI. 217/18. Past. Lett. I. 296.
[3]) Am 13. IV. 54. Rot. Parl. m. 13. d.
[4]) Past. Lett. I. 315.
[5]) Rym. XI. 361. Er hatte über 1 Jahr lang, ohne Verhör, im Tower gesessen; am 5. II. 55 war ein neuer Termin auf den 3. XI. festgesetzt worden; allein am 4. III. erschien er vor Heinrich in Greenwich und wurde in Gnaden aufgenommen. Sein Zwist mit York wurde durch eine Geldstrafe geschlichtet, cf. Rym. XI. 362/63.
[6]) Rym. XI. 361—63; Proc. VI. 358. York wurde am 4. III. abgesetzt; am 6. III. erhielt Somerset Calais. Rep. of the Dep.-K., 48th, 404 m. 18. Salisbury gab sein Amt am 7. III. ab; am 15. III. wurde Wiltshire Finanzminister. Bourchier blieb.

schaft durch schriftliche Erklärungen gegen spätere Angriffe zu sichern[1]). Allein bald sollte sich zeigen, dass Somerset, wenn auch nichts gelernt, so doch nichts vergessen hatte. Im Mai 1455 wurde ein geheimer Rat nach Westminster einberufen, zu dem die Häupter der Opposition nicht geladen waren[2]), und die Versammlung beschloss einen Staatsrat in Leicester abzuhalten, „um einen Schutz für des Königs Person gegen seine Feinde zu haben". Wer diese Feinde waren, und was mit ihnen geschehen würde, wenn sie in die Gewalt Margaretas kämen, war unschwer zu erraten, und Somersets diplomatische Unfähigkeit hatte jetzt den Nevils eine neue Stellung zugewiesen: die Rolle des ehrlichen Maklers war nicht mehr aufrecht zu erhalten, und Salisbury und Warwick konnten da nicht Neutralität bewahren, wo das Feldgeschrei „hie York, hie Somerset" lautete. Von jetzt ab waren sie an Richard gekettet.

Kurz entschlossen hatte der Herzog inzwischen die Offensive ergriffen, und während sein Neffe Norfolk für ihn in East Anglia Truppen warb, marschierte er mit Salisbury direkt auf die Hauptstadt los. Unterwegs stiess Warwick zu ihnen, und ohne auf Norfolks Hülfe zu warten, zogen die drei Führer in Eilmärschen weiter, bis sie am 21. in Ware ankamen. Schon von Royston aus hatten sie eine Proclamation an Bourchier gesandt: in Ware verfassten sie eine zweite, ähnlicher Art, an den König[3]: sie wollten sich nur vor ihm rechtfertigen und kämen als loyale Unterthanen. Eine Loyalität, die sich auf so starke Truppenmassen stützte, musste Somerset verdächtig erscheinen, und der allmächtige Günstling beschloss, die Documente, welche Bourchier ins königliche Lager gesandt hatte, seinem Herrn nicht zu überreichen. Auch er

---

[1]) Rot. Parl. V. 242.
[2]) Wheth. II. 351. Rot. Parl. V 280. And. Issue Rolls. Easter 33. Henry VI. 16th April.
[3]) Beide Manifeste sind abgedruckt in Rot. Parl. V. 280 sq. cf. Past. Lett. I. 325.

war gerüstet, und ein grosser Teil des englischen Adels[1]), darunter 2 Herzöge und 6 Grafen, befand sich in der Armee, welche York entgegenzog.

Bei St. Albans stiessen die Parteien aufeinander. Warwicks Oheim, der Herzog von Buckingham, versuchte noch einmal, den Kampf zu verhindern, allein der König, der wieder ganz unter Somersets Einfluss stand, weigerte sich, die Bedingungen der Rebellen anzunehmen[2]). So hatten denn alle Verhandlungen und Verträge nichts gefruchtet: der Streit um die Suprematie, der unvermeidlich geworden, konnte nur durch Waffengewalt entschieden werden.

Mit der ersten Schlacht bei St. Albans beginnt der dreissigjährige Krieg zwischen der weissen und der roten Rose, und damit wohl die unheilvollste Periode der englischen Geschichte. Während der geistesschwache sechste Heinrich nach ritterlichem Kampf seiner Feldherren die französischen Provinzen auf immer verliert, wird sein Nachfolger die Ehre der Nation um Geld verkaufen, und an die Stelle der herrlichen Thaten seines Namensvetters setzt der vierte Eduard die seitdem in England traditionell gewordene Krämerpolitik des crassesten Opportunismus.

Anstatt mit vereinten Kräften dem Erbfeind entgegenzutreten, reiben sich die Häuser York und Lancaster untereinander auf: der Vetter tötet den Vetter, der Bruder den Bruder, bis am Schlusse jener grauenhaften Reihe innerer Kämpfe der Mann erscheint, welcher sich den Weg zum Thron über Kindesleichen bahnt. Die grossen Barone aber stehen ihren Fürsten an Lastern aller Art nicht nach; unerhört ist die Treulosigkeit, die Felonie der edlen Normannengeschlechter des 15. Jahrhunderts. Auch der Klerus ist von der allgemeinen Verderbtheit der Zeit ergriffen; als Angehörige hoher Adelsfamilien machen die Geistlichen jegliche Schwankung der inneren Politik mit, und schlaue

---

[1]) Rot. Parl. V. 282. Past. Lett. I. 327, 332. Arch. Brit. XX. 519.
[2]) Stow, Ann. 398/99. Wheth. II. 353.

Prälaten üben nicht minder ihren Einfluss in Hofintriguen, als etwa der Kämmerer des Königs.

Für Warwick aber bedeutet die erste Schlacht von St. Alban einen Wendepunkt im Leben: zum ersten Mal steht er in offenem Kampf mit dem Haus Lancaster; zum ersten Mal handelt er selbständig und als wichtiger Faktor einer Partei.

Vom 22. Mai 1455 an beginnen der tapfere York und der weise Salisbury in den Hintergrund zu treten; ganz allmählich wird Richard Nevil das Haupt der feudalen Fronde und demokratischen Opposition zugleich, und willig folgen ihm alle, die aus Hass gegen Somerset oder Furcht vor seinen Nachstellungen [1]), aus Unzufriedenheit mit der herrschenden Dynastie und Hoffnung auf bessere Zustände, zu den Waffen gegriffen haben.

Zweites Kapitel.

Am Morgen des 22. Mai 1455 begann die erste Schlacht bei St. Alban. Während York und Salisbury die Königlichen unter Lord Cliffords Befehl von vorn angriffen, hatte sich Warwick in den Gärten von Hollywell-Street festgesetzt und so den Feind umgangen. Als nun Clifford, der bei der Enge der Strassen und infolge der Häuserdeckung im Vorteil war, Richards Leute zurücktrieb, fielen ihm Warwicks Scharen in den Rücken; mitten in der Stadt erklangen ihre Trompeten, und unter dem Ruf „A Warrewe, a Warrewicke" stürzten sie sich auf die Lancastrier. Diese waren der Doppelfront nicht mehr gewachsen; sie suchten ihr Heil in der Flucht, aber nur wenigen gelang

---

[1]) Engl. Chron. 71.

es zu entkommen. Clifford, Somerset und Northumberland wurden erschlagen, Buckingham, Stafford und viele Lords verwundet; der König selbst war durch einen Pfeilschuss am Halse verletzt worden, 400 Tote lagen in den Strassen von St. Alban, und die Anzahl der Verwundeten war um ein Gutteil beträchtlicher [1]).

Es unterliegt keinem Zweifel, dass ohne Warwicks Eingreifen die Yorkschen trotz ihrer Überzahl eine Niederlage erlitten hätten [2]); allein seine Aufgabe war nicht schwer gewesen und hatte mehr Mut, als Feldherrntalent erfordert; eine spätere Zeit sollte lehren, dass der Kriegsruhm des mächtigen Earls doch allzu wohlfeil erworben war.

Nach der Schlacht begaben sich die 3 Verbündeten zum König; sie baten um Verzeihung für das, was in seiner Gegenwart geschehen war, und erklärten, der Aufstand sei nicht gegen ihn gerichtet gewesen; er möge ihnen daher seine Gnade nicht entziehen. Es war das zweite Mal, dass Heinrich VI. sich ausser Stande sah, Rechenschaft von denen zu fordern, die am Tode seines Günstlings schuld waren: ohne Vorwurf nahm er seine Vettern auf, und am nächsten Tage zogen der König de facto und der König de iure mit ihrem Gefolge nach London zurück. Kurz nach der Ankunft wurde beschlossen, das Parlament auf den 3. Juli einzuberufen [3]).

Die Folgen der Schlacht von St. Alban sollten in zweifacher Beziehung von Bedeutung sein, und — so seltsam es klingen mag — beide Parteien gingen gestärkt aus dem Kampf hervor. An die Stelle, welche einst Suffolk und dann Somerset innegehabt, trat, durch die Not gezwungen, Margareta selbst, und mancher Angriff, der einem hochstehenden Baron das Leben gekostet hätte, musste, ehe er bis zu den Stufen des Trones drang, in sich selbst

---

[1]) Wheth. II. 353. Past. Lett. I. 333. Stow, Ann. 399/400. Rot. Parl. V. 347. Engl. Chron. 72. Arch. Brit. XX. 519 ff.

[2]) P. Lett. I. 330, 332.

[3]) Am 26. Mai wurden die Schreiben abgesandt. Lord's Report. I. App.

zerfallen. Aber auch Yorks Macht war bedeutender geworden, denn je zuvor; die ersten Stellen im Lande waren den Lancastriern entrissen; der Herzog selbst wurde Oberrichter von England[1]), Lord Bourchier erhielt das Kanzleramt, sein Bruder die Finanzen und Warwick das Commando in Calais[2]), den wichtigsten Posten im Reich. Richard von York hatte nicht vergessen, dass er mit Hülfe der Nevils, und nur der Nevils, gesiegt hatte.

Dass die Gemüter noch keineswegs beruhigt waren, sollte sich auf dem Tage zu Westminster deutlich zeigen. Es war nicht leicht geworden, ein Parlament zusammenzubekommen, das voraussichtlich mit dem neuen Ministerium Hand in Hand gehen würde; so arg war die Agitation im Lande gewesen, dass der König noch vier Tage vor Eröffnung der Session in einem Brief an den Sheriff von Kent befahl, die „busy labour" bei den Wahlen etwas zu dämpfen, da diese nach Landesgesetz frei seien[3]). Aus Furcht vor neuen Streitigkeiten schrieb er auch den Lords, nur ihre nächste Umgebung nach Westminster mitzubringen[4]). Trotzdem erschienen die Yorkschen mit einer Unzahl Bewaffneter[5]), und Heinrich musste eine Proclamation erlassen[6]), dass es verboten sei, ein Schwert zu tragen und im Harnisch einherzugehen. Denn schon lag Warwick, der von Hunesdon eingetroffen war, in Streit mit Lord Cromwell, da sie sich gegenseitig beschuldigten, die Schlacht bei St. Alban veranlasst zu haben. Unter diesen Umständen

---

[1]) Am 29. Mai. Fabyan 631. Rot. Parl. 33. H. VI. pt. 2 m. 2.

[2]) Warwick war schon vor dem 25. Mai ernannt worden. Past. Lett. I. 331; das kgl. Patent für den „Captain of Calais and Risbank and Lieutenant in Picardy" wurde erst am 4. VIII. ausgestellt. Rot. Parl. V. 309, 341. Proc. VI. 276, 278. Doyle III. 586. cf. Rep. of the Dep.-K., 48th, 406, m. 11; s. die unrichtige Anmerkung bei Pauli V. 334 A. 5. Auch V. 333 A. 4 ist unrichtig: Salisbury war Kanzler gewesen vom 1. IV. 51—7. III. 55. Rym XI. 314. Proc. VI. 168, 358. Rot. Parl. V. 449. Stubbs III. 167.

[3]) Proc. VI. 246. Rot. Parl. V. 451.

[4]) Proc. VI. 244.

[5]) Past. Lett. I. 315.

[6]) Past. Lett. I. 346.

schien es am besten, die Session möglichst kurz zu gestalten; die Lords schwuren von neuem den Treueid, und man einigte sich dahin, die Schuld am ganzen Streit dem Herzog von Somerset zuzuschieben: der aber lag unter der Erde und konnte keine Widerklage erheben[1]). Am 31. Juli wurde das Parlament vertagt[2]), und die Lords zogen sich auf ihre Landsitze zurück.

Im August fand in der Hauptstadt eine Sitzung des Staatsrates statt, an der York, Warwick und Salisbury teilnahmen[3]), und schon damals scheinen sich die Lords mit der Frage eines neuen Protectorates befasst zu haben. Der König nämlich war, ohne Zweifel infolge der vielen Aufregungen, kurz nach seiner Rückkehr von St. Alban wieder krank geworden, und es war Aussicht vorhanden, dass sich sein Leiden in die Länge ziehen werde[4]). Vorläufig sah man allerdings noch von einer Wiederholung der Yorkschen Regentschaft ab; als aber Anfang November die Kammern wieder zusammentraten, und die Gemeinen zweimal den Antrag gestellt hatten[5]), York zum Protector zu machen, fügte sich das Oberhaus. Indess Richard zauderte lange, und erst beim dritten Mal gab er dem Drängen seiner Anhänger nach, nicht ohne sich vorher ausbedungen zu haben, dass ihn Heinrich im Falle seiner Genesung nicht wieder ohne Willen der Lords absetzen dürfe[6]).

Die neue Regentschaft musste naturgemäss auch eine Bevorzugung der Nevils bedeuten. Am 4. Dez. 1455 erhielt George die versprochene Vakanz[7]), und der Bischof-

---

[1]) Rot. Parl. V. 280.82. Past. Lett. I. 346. Wheth. II. 370.
[2]) Rot. Parl. V. 283.
[3]) Proc. VI. 257.
[4]) Past. Lett. I. 335. Rym. XI. 366.
[5]) Proc. VI. 261. Rot. Parl. V. 284. Rym. XI. 370.
[6]) Die Verhandlungen finden sich in Rot. Parl. V. 284—89.
[7]) Proc. VI. 276. Gross ist das Entsetzen Gascoignes über die Belehnung; Calixtus hatte dem 25jährigen die Nutzniessung, aber nicht die Consecration gewährt: „fuit licentiatus Romae ad pecunias . . . . sed non animas illius episcopatus Deo colligendas. (Gascoigne 16.

sitz von Exeter fiel ihm zu, ohne dass er das erforderliche Alter zu dem hohen geistlichen Amt besass. Zehn Tage später wurde ein Schreiben im Namen des Königs an die Garnison von Calais erlassen, in welchem Warwick als Oberbefehlshaber beglaubigt wurde, allein dieser kam noch immer nicht dazu, seinen Posten anzutreten. Das zweite Protectorat nämlich sollte nicht von langer Dauer sein; kaum war das Parlament um die Mitte des Januar 1456 wieder versammelt[2]), da hiess es plötzlich, Heinrich sei wieder gesund, und gegen das Abkommen wurde York durch Patent des Königs seiner Stellung enthoben[3]). Er fügte sich ohne Sträuben und ging auf sein Schloss Sandal, um dort, wie seine Gegnerin, fern von der Hauptstadt und unthätig der weiteren Entwicklung der Dinge zuzusehen[4]). Auch Warwick, welcher am 9. Februar mit starker Mannschaft nach London gekommen war[5]), begab sich auf sein Castell Warwick; Margareta hatte sich zwar gescheut, dem Sieger von St. Alban das eben übergebene Calais wieder zu entreissen, aber der Earl schien umsomehr an einen baldigen Ausbruch neuer Kämpfe zu glauben[6]). Die alten Privatfehden, die York einst so geschickt unterdrückt hatte, lebten wieder auf, und Warwick stand ihnen nicht fern; Mitte Mai 1456 war sogar das Gerücht verbreitet, es habe eine Schlacht stattgefunden, in welcher er schwer verletzt worden sei, und man sprach von 1000 Toten[7]).

Allein weder York, noch Margareta zeigten vorläufig Verlangen nach einem Wiederbeginn des Krieges, und Warwick fand daher Zeit, sich in seinem neuen Amt als

---

[1]) Proc. VI. 276—78.
[2]) Proc. VI. 279. Rot. Parl. V. 282. Lords Report. App. IV. 936.
[3]) Rot. Parl. V. 321. Rym XI. 373.
[4]) Margareta hielt sich meist in Tutbury auf; „he waiting on her, and she upon hym". Past. Lett. I. 386, 87, cf. 392.
[5]) Past. Lett. I. 126. Fabyan 633. Rym. XI. 408. Engl. Chron 77.
[6]) Past. Lett. I. 386.
[7]) Past. Lett. I. 387.

„Captain" von Calais einzuleben[1]). Seine Aufgabe war eine doppelte; es handelte sich sowohl darum in der Colonie selbst die Folgen langjähriger Misswirtschaft zu beseitigen, als auch bei den benachbarten Regierungen Yorks Partei zu vertreten. Das Erste war zumeist eine Geldfrage, und seitdem der reiche Somerset gefallen, war kein englischer Baron geeigneter, die grossen Anforderungen, welche das Amt in finanzieller Beziehung stellte, zu erfüllen, als Richard Nevil[2]). Das zweite erforderte viel diplomatischen Takt, und der war bisweilen bei dem jugendlichen Heisssporn nicht zu finden. So liess er sich, einer plötzlichen Regung folgend, in eine Verschwörung ein, die der Herzog von Alençon gegen seinen Lehnsherrn Karl VII. angezettelt hatte[3]); zwar hatte seine Parteinahme für den aufrührerischen Grossen keine unmittelbaren Folgen für ihn, aber dem Hause York musste es schaden, wenn sein mächtiger Verbündeter ausrief, 'er wolle den Willen Alençons erfüllen, und wenn es sein Leben koste[4])', zumal da der französische König durch seine Verwandtschaft mit Heinrich und Margareta ohnedies lancastrisch gesinnt war. Andererseits wusste sich Warwick mit Philipp dem Guten von Burgund aufs Beste zu stellen, und unaufhörlich sehen wir englische und burgundische Gesandte zwischen Calais und der flandrischen Residenz hin- und hereilen[5]).

[1]) Sein eigentlicher Amtsantritt war der 20. IV. 56 s. Enrolled Foreign Accounts 35—38. II. VI. cit. v. Ramsay II. 191.

[2]) Stow, Ann. 42 berichtet über seinen Haushalt in Middleham: He held such an house, that six oxen were eaten at a breakfast, and every taverne was full of his meete, for who that had any acquaitance in that house, he should have had as much sodden and rost, as he might carry upon a long dagger."

[3]) Alençon wurde am 27. V. 56 verhaftet; am 10. X. 58 z. Tod verurteilt, dann begnadigt; am 11. X. 61 erhielt er seine confiscierten Güter von Louis XI. zurück. (Chron. Ms. St. Michel I. 61.

[4]) Du Fresne VI. 52.

[5]) 4.—8. Juli 1457 Conferenz zwischen Warwick und dem Grafen d'Étampes in Oye. Du Fresne VI. 124. cit. Arch. du Nord. B. 2030 f. 165. cf. Chastellain III. 317—20; 337/38. Kurz darauf schickt Philipp wieder Gesandte nach Calais. Du Fresne VI. 125 cit. Arch. du Nord. B. 2026, f. 275 V⁰. 276, 283, 287, 287 V⁰. Chast. III. 338/39.

Das Jahr 1456 verging, ohne dass sich die Verhältnisse in England änderten, und Warwick fand reichlich Zeit in der Krondomäne auf dem Continent die Dinge nach seinem Willen zu gestalten. Ende April 1457 war er kurze Zeit in Canterbury, um an der Hochzeitsfeier seines Bruders Montagu teilzunehmen: nach Art eines durchreisenden Fürsten liess er sich von den Bewohnern Sandwichs und Canterburys huldigen [1]). Seine Popularität in der Grafschaft Kent war schon damals unbegrenzt.

Drohende Gerüchte von einer bevorstehenden Belagerung der Stadt Calais erheischten seine schleunige Rückkehr [2]). Margareta war die langen Monate über nicht müssig gewesen, von ausserhalb der lancastrischen Sache Freunde zu werben. Durch mannigfache Heiratspläne suchte sie sich Jakob von Schottland und Karl VII. zu Verbündeten zu gewinnen; bald hiess es eine Vermählung zwischen zwei Somersets und 2 Töchtern des roten Königs sei geplant [3]), bald sprach man von einem Projekt, welches Mitglieder des englischen Hochadels mit französischen Fürstinnen verbinden sollte [4]). Allein trotz der verwandtschaftlichen Beziehungen der Herrscherhäuser schien man weder in Edinburgh, noch in Paris geneigt, Ehebündnissen mit den Anhängern Heinrichs VI. zuzustimmen, und als gar Lord Wenlock nach Burgund kam und eine Allianz, sowie eine dreifache Heirat zwischen dem Prinzen Eduard, dem ältesten Sohne Yorks und einem Sohn des gefallenen Somerset und 3 flandrischen Prinzessinnen zur Sprache brachte, da wies Philipp der Gute die Vorschläge des englischen Gesandten rundweg ab [5]).

Margaretas erfinderischer Geist aber fand andere Wege, um sich auswärtige Hülfe zu verschaffen. Schon früher hatte sie bei Karl VII. die Lust nach einem Einfall in

---

[1]) Past. Lett. I. 417.
[2]) Past. Lett. I. 416. Du Fresne VI. 145. u.
[3]) Monstrelet XI. 296.
[4]) Monstrelet XIII. 289.
[5]) Carte, Rolles II. 342. m. 5. Westm. 27. VIII. 57. Rep. of the Dep.-K., 48th, 429. Stevenson I. 366 ff. Du Clercq III. ch. 40.

England wachgerufen¹); jetzt hielt dieser den richtigen Zeitpunkt für gekommen, und während des tiefsten Friedens setzte sein Feldherr Brézé nach Kent über und überfiel die Stadt Sandwich, um sie vollkommen zu plündern²). Warwick aber musste von Calais aus ruhig zusehen, wie der Franzose mit seiner Beute abzog, denn die englische Marine befand sich in einem so trostlosen Zustande, dass nur 3—4 Kriegsschiffe zu brauchen waren. Voller Zorn über Brézés Angriff kam er daher zur Versammlung, die Heinrich VI. inzwischen nach Coventry berufen hatte³); auch der Herzog von York war zugegen, und es kam zu heftigen Auseinandersetzungen. Zuletzt beschwor der alte Buckingham den König, nie mehr gegen Friedensbrecher Milde walten zu lassen, und die drei Richarde, auf welche diese Worte hauptsächlich gemünzt waren, mussten den Treueid schriftlich erneuern⁴).

Es scheint, als ob schon damals den Yorkschen Parteiführern nach dem Leben getrachtet wurde und man diese rechtzeitig gewarnt hatte⁵), denn wir sehen sie plötzlich in Eile Coventry verlassen: York geht nach Wigmore, Salisbury nach Middleham, Warwick nach Calais. Für den letzteren hatten die Verhandlungen ein neues Amt bewirkt; am 3. Okt. war er zum kommandierenden Admiral ernannt worden⁶), und Heinrich hatte ihm einen jährlichen Zuschuss von 1000 Pfund bis 1460 versprochen⁷). Wenn man bedenkt, dass dieses Geld aus den Einkünften des

---

¹) Monstrelet XI. 296 und Mathieu d'Escouchy sind nicht dieser Ansicht: s. jedoch Chart. III. 351.

²) Monstrelet XIII..215. Leland, Coll. II. p. III. 385; cf. I. p. II 496. Du Fresne VI. 144. Exeter, welcher z. Z. Admiral war, konnte nichts ausrichten; daher wurde Warwick an seine Stelle gesetzt. Rym. XI. 406

³) Stubbs III. 176; über die verschiedenen Meinungen inbetreff des Ortes s. Ramsay II. 199. A. 5.

⁴) Rot. Parl. V. 347. Past. Lett. I. 408. Fabyan 631. Hall 236. Auch über Buckinghams Stellungnahme varriieren die Ansichten.

⁵) Past. Lett. Hall. Fabyan. s. l.

⁶) Doyle III. 586. Pat. 1. m. 10. „Captain to guard the sec.

⁷) Harl. Chart. 54. 17.

Herzogtums Lancaster genommen werden sollte, die schon auf Jahre hinaus verpfändet waren, dann war die neue Stellung sicherlich kein Gewinn; aber auch nach den Erfahrungen des letzten Sommers erschien das Amt nicht beneidenswert. Indess Warwick wusste sich auf seinem undankbaren Posten so gut zurechtzufinden, wie einst York in Dublin, und wenn Margareta seiner Ernennung aus Schadenfreude zugestimmt hatte, dann hatte sie denselben Fehler begangen, wie vordem Suffolk.

Kaum war das Patent ausgestellt worden, da sann auch der Earl auf Rache für Sandwich. Schon Ende 1457 befürchtete man in der Bretagne einen Einfall der Engländer bei St. Malo[1]), allein die vorgerückte Jahreszeit und die Wachsamkeit von Herzog Arthurs Ministern scheinen die Gründe gewesen zu sein, aus denen Warwick den Plan aufgab. Er blieb bis Anfang Februar 1458 in Calais, seine Hauptthätigkeit der Flottenverbesserung und der Annäherung an Burgund widmend. Dann begab er sich nach London, wohin der König sämmtliche Lords zur endgültigen Erledigung aller Streitigkeiten berufen hatte[2]). Als er am 14. Febr. mit seiner in rote Jacken gekleideten Söldnerschar eintraf[3]), fand er bereits York und seinen Vater in der Hauptstadt vor. Die grosse Anzahl von Bewaffneten, welche er mitbrachte, erregte allgemeine Verwunderung, und der Lord Mayor rief 5000 Londoner Bürger zur Erhaltung der Ordnung auf[4]). Nach langer Beratung kam auf Canterburys und anderer Vermittlung der erwähnte Vertrag zu Stande: wie nach altgermanischem Brauch sollte Geld die Blutrache tilgen. Eine bestimmte Summe mussten die 3 Verbündeten aussetzen, damit im Kloster von St. Alban für die Gefallenen Seelenmessen gelesen würden; York sollte der Frau des gefallenen Somerset

---

[1]) Taillandier II. 64.
[2]) Proc. VI. 290—93.
[3]) Past. Lett. I. 126. Stow, Ann. 403. Proc. VI. 293. Fabyan 632. Engl. Chron. 77.
[4]) Past. Lett. I. 424.

5000 engl. Mark, Warwick Cliffords Witwe 1000 zahlen. Auch der alte Zwist der Percies und Nevils ward geschlichtet, und sämtliche Teilnehmer an der Schlacht von St. Alban wurden für loyal erklärt[1]).

Am 25. März bewegte sich ein seltsamer Zug nach der Paulskathedrale; voran ging König Heinrich, hinter ihm schritten Hand in Hand York und Margareta, wie einst an jenem Tage, als der Herzog in Caën den Festzug zu Ehren der zukünftigen Königin geleitet hatte[2]). Dann kamen Salisbury und Somerset, Warwick und Exeter, immer Yorkist und Lancastrier nebeneinander[3]).

„In Yorke in Somerset as I understonde
In Warrewicke also is loue and charite
In Sarisbury eke and in Northumbrelonde.
That euery man may reioise concord and unite",
heisst es in einer alten Ballade[4]); aber nur Heinrichs kindliches Gemüt konnte an eine dauernde Versöhnung glauben; bald sollte die Zeit kommen, wo fast alle die, welche im Zug miteinander gegangen waren, durch die Hand, die sie gehalten, fallen mussten: Richard und Salisbury durch Margareta und Somerset, Exeters Sohn durch Warwick.

Ein Punkt des Vertrages, der stillschweigend gutgeheissen wurde, war die Bestätigung Warwicks auf seinem Posten, sehr zum Ärger des Herzogs von Exeter[5]).

Mit leichterem Herzen konnte der Earl jetzt an die Verfolgung seiner Pläne gehen. Von England her war keine neue Störung zu befürchten; in Calais selbst war sein Einfluss unumschränkt; die unregelmässigen Zahlungen der Krone an die Garnison kamen bei seinem Reichtum nicht in Betracht, und der Zustand von Unbotmässigkeit, welcher vordem infolge mangelhafter Besoldung der Truppen

---

[1]) Wheth II. 418 ff. Engl. Chron. 77.
[2]) Chron. Ms. St. Michel I. 176 am 24. XI. 44.
[3]) Fabyan 633. Hall 238.
[4]) Die Ballade ist nach Ansicht Paulis und Ramsays von John Lydgate; abgedr. in Chron. Lond. 251. 254. Pol. Songs II. 254. aus Cott. Ms. Vesp. B. XVI. f. 4.
[5]) Past. Lett. I. 424.

geherrscht hatte, war seit seiner Ernennung verschwunden; wenige Städte hielten während des ganzen Krieges so treu zu ihrem Befehlshaber, wie Calais zu ihm.

Das Verhältnis zu Burgund hatte sich im Laufe der Jahre immer besser gestaltet, und Philipp der Gute verhandelte mit dem Hof von Westminster nur durch Warwick. Am 1. Mai 1458 hatte er dem Earl geheime Briefe[1]) gesandt; zwei Wochen später traf aus England das kgl. Patent ein, welches Warwick weitere Vollmacht zu den Verhandlungen erteilte[2]). Die burgundischen Geschäftsträger, welche kurz darauf[3]) in Calais ankamen, blieben fünf Wochen lang dort, und am 12. Juli brach eine andere Gesandtschaft nach England auf[4]). Es war klar, dass der enge Bund zwischen Philipp und dem Earl gegen Karl VII. gerichtet war[5]), und die französische Regierung rechnete bereits mit einem englisch-burgundischen Einfall in eigenem Lande, allein der längst geplante Angriff wurde wieder aus unbekannten Gründen verschoben.

Wenn es so dem Grafen nicht vergönnt war, auf französischer Erde neue Lorbeeren zu erringen, suchte er auf anderem Wege durch mutige Thaten seinen Ruhm zu erhöhen. Er war der erste, der seit langen Jahren die englische Flagge auf dem Meere wieder zu Ehren brachte, und seine kühnen Fahrten auf dem Kanal, sowie seine Erfolge als Seeheld sollten ihm nicht nur in der Heimat neue Anhänger gewinnen, sondern auch unter den Matrosen eine unbedingte Herrschaft sichern, die ihm in späterer Zeit das Leben rettete. Einen seiner Kämpfe, den er mit 28 spanischen Schiffen zu bestehen hatte, erzählt uns ein Augenzeuge recht anschaulich:

Am Morgen des 28. Mai, so schreibt John Jernyngan an Margareta Paston, erhielt Warwick die Nachricht, dass

---

[1]) „Touchant aucunes affaires secrètes". Du Fresne VI. 182. u.
[2]) Doyle III. 587. Rot. Franc. m. 12; Carte, Rolles II. 342. Du Fresne VI. 260. Chastellain III. 427/28.
[3]) Du Fresne VI. 182. u. cit. Arch. du Nord. B. 2030 f. 235 V°, 245.
[4]) Report of the Dep.-K., 48th, 428/29.
[5]) Du Fresne VI. 260.

28 spanische Fahrzeuge heransegelten, und am Montag, den 29. traf man sich um 4 Uhr vor Calais, wo bis 10 Uhr gefochten wurde, und wir nahmen 6 von ihren Schiffen[1]). Sie aber erschlugen ungefähr 80 Mann und verwundeten 200 ziemlich schwer: auf ihrer Seite fielen etwa 120 und 500 wurden verletzt." Nachdem er dann seine eigenen Erlebnisse während des Kampfes berichtet hat, fährt er fort: „Man sagt allgemein, dass seit 40 Jahren keine so grosse Seeschlacht war, und es herrscht kein Zweifel, dass wir im Grossen und Ganzen den Kürzeren zogen; aber der Lord hat noch mehr Schiffe holen lassen und will möglichst bald den Kampf wieder aufnehmen[2])."

Dieser unbedachtsame Angriff Warwicks sollte ihm ausser den Opfern an Leuten noch weitere Unannehmlichkeiten einbringen: die Schiffe, welche er für spanische gehalten hatte, waren hanseatische gewesen, und die Hansestädte lebten seit lange im Frieden mit England. Der König musste auf Drängen Lübecks eine Commission ernennen, um den Fall zu prüfen[3]); der Entscheid der Commissare ist uns zwar nicht überliefert worden, jedenfalls aber erschien Warwick auf die Vorladung derselben, denn er war einige Tage nach dem angesetzten Termin in einem Staatsrat anwesend[4]), der ein neues Parlament auf den 11. Oktober berief.

Die neue Session sollte verhängnisvoll werden. Am 9. November 1458, gerade während einer Sitzung, brach auf dem Hof ein Streit zwischen einem Königlichen und einem von Warwicks Leuten aus; als dieser herunterging, um Frieden zu stiften, wurde er selbst überfallen, und nur mit Mühe gelang es ihm, in sein Bot zu kommen. Margareta aber benutzte den Anlass, um gegen ihn einen Haftbefehl zu erwirken, dessen Ausführung er nur durch

---

[1]) In einem Schreiben Lübecks an Köln vom 5. X. 61 ist von 18 Schiffen die Rede. Hanserecesse V. 97.
[2]) Past. Lett. I. 428/29.
[3]) Rym. XI. 415. Three 15th C. C. 71.
[4]) Proc. VI. 297.

schleunige Flucht verhindern konnte[1]). Auch ging sie damals schon mit der Absicht um, ihn seiner Stellung als „Captain" von Calais zu entsetzen, denn am 28. November schreibt ein burgundischer Correspondent an Karl VII: „Item, est renommee que se le grand parliament du roy se fut tenu, ainsi quil avait este propose, le conte de Warwic eust este despointie du gouvernement de Calais et est ce tout notoire; et ainsi il lentend. Et au contre, il a declare publiquement que pour abandonner toutes ses terres, et ce quil a en Angleterre, il ne rendera Calais devant le temps a lui ordonne, et puis qui est de IX ans, dont il na fait que trois"[2]). Hochtönende Worte waren Richard Nevil geläufig, wie fast jedem, der in jungen Jahren zu grosser Macht gelangt; indessen zeigte er auch durch die That, dass ihn die Absichten des Hofes wenig kümmerten. Durch königliches Patent hatte er das Recht erhalten, selbst Pässe auszustellen[3]), und die mannigfachen Besuche vornehmer Herren aus Kent und Warwickshire, die zu jener Zeit in Calais erfolgten, lassen auf den Plan einer gemeinsamen Action des Earls und eines Teiles des englischen Adels im Falle eines Eingreifens Margaretas schliessen[4]). Seinen Leistungen als Admiral aber setzte Warwick im Sommer des Jahres 59 die Krone durch ein kühnes Seestück auf. Während er mit 14 kleinen Fahrzeugen durch den Kanal segelte, begegneten ihm 5 grosse Kriegsschiffe, 3 Genuesen und 2 Spanier. Genua stand um jene Zeit auf Seiten Karls VII., und so besann er sich keinen Augenblick, die Südländer anzugreifen. Nach 2 tägigem Kampfe hatte er drei der Schiffe gekapert und ans Land gebracht. Tausend Feinde lagen erschlagen, und das Gefängnis von Calais war fast zu klein für die Anzahl der Gefangenen. Der Wert der Beute belief sich auf 10000 Pfund, der

---

[1]) Engl. Chron. 78. Hall 239. Stow, Ann. 401. Fabyan 639.
[2]) Stevenson I. 339.
[3]) Rep. of the Dep.-K., 48th, 424. m. 22; am 22. I. 58.
[4]) Das ganze Jahr 1458 ist im 48th Report mit den „Safe Conducts" von Warwick angefüllt.

Handel aber hob sich in jenem Jahre durch den Import der zahlreichen fremden Waren merklich[1].

Allein Margareta konnte den Triumph des verhassten Mannes nicht verwinden. Wie sie vor 2 Jahren die Franzosen gegen den Earl gehetzt hatte, so suchte sie ihm jetzt durch den Klerus Schaden zuzufügen. Ein ungebildeter Pfaffe aus Ludgate predigte in St. Paul, man möge die 3 verräterischen Lords York, Salisbury und Warwick nicht mit ins Gebet einschliessen; doch die Zuhörer waren entrüstet über die Worte[2]. Eine weitere Stütze fand die Königin in dem Bischof Waynflete, der seit 1457 an Stelle Bourchiers Kanzler war[3] und mit Eduard von March in Streit lag[4]. Der unausgesetzten Mühe der Ultraroyalisten gelang es denn auch, eine Commission zusammenzubringen, welche sämtliche Anhänger der drei Earls als Hochverräter erklärte[5], und bald darauf wurden York mit seinen beiden ältesten Söhnen, Salisbury und Warwick, nebst anderen Mitgliedern des Hochadels geächtet[6]. Der Bischof von Exeter war vorsichtig genug gewesen, zur richtigen Zeit den König seiner Loyalität zu versichern[7], aber kein Mann in England, ob Priester, ob Laie, verstand es so gut, mit der herrschenden Partei zu gehen, wie George Nevil. Auch Montagu stand nicht auf der Proscriptionsliste; allem Anschein nach hielt er sich um jene Zeit noch fern von politischen Intriguen.

Mit der Achtserklärung war das Signal zu neuem Kampfe gegeben; das ganze Land rüstete, Familie gegen

---

[1] Engl. Chron. 83. Wheth. II. 448.
[2] Past. Lett. I. 497.
[3] Wharton I. 318.
[4] Past. Lett. I. 497.
[5] Past. Lett. I. 500.
[6] Past. Lett. I. 500. Doyle III. 587. Rot. Parl. V. 394. Nicht lange vorher war Warwick noch zum Oberrichter in den Grafschaften Warwick, Stafford, Worcester, Leicester, Hereford, Northumberland, Derby und York, sowie zum „Joint Master Forester Enryas Lacy" und „High Steward of the Duchy of Lancaster" ernannt worden. Rous Roll 57 cit. v. Doyle III. 587.
[7] Past. Lett. I. 500.

Familie, Kloster gegen Kloster¹). Allgemein war die Klage über die Verschlechterung der Münze²): Heinrich VI. hatte nie Geld, trotzdem er weder etwas für den Glanz des Hofes that, noch auch genügend für Armee und Marine sorgte³). Die Königin wurde beschuldigt, sich auf Kosten der Nation zu bereichern⁴), und der verhassteste Mann im Land war ohne Zweifel der Finanzminister Wiltshire, dem man die Vaterschaft des Prinzen von Wales zuschob⁵). Seit Jahren war kein Parlament mehr berufen worden, aber jeder wusste auch, dass es jetzt zwecklos sein würde, die Vertreter des Volkes zur Beratung zu versammeln, da doch nur das Schwert entscheiden konnte.

Die Hoffnung auf die Königskrone hatte Richard von York wohl keinen Tag aufgegeben: jetzt sollte Margareta, die nur den Eingebungen des Moments folgte, ihm den Vorwand zum Streit um die Herrschaft selbst bieten⁶). Im April wurden die Schreiben an die Freunde des Hauses Lancaster ausgefertigt: jeder sollte möglichst viel Bewaffnete, sowie Geld und Provisionen für 2 Monate mitbringen⁷). Eifrig war Margareta beschäftigt, im eigenen Lande Anhänger zu gewinnen⁸); aber auch in Schottland waren ihre Agenten thätig, um Jakobs Hülfe für den bevorstehenden Krieg zu sichern⁹). Der König zeigte sich nicht abgeneigt, die günstige Zeit zu einem Einfall zu benutzen; anstatt jedoch sein Heer gegen Yorks Truppen zu führen, begnügte er sich damit, Nordengland zu verwüsten, bis ihn Gesandte

---

1) Hist. Croyl. 529.
2) Dieselben Klagen wiederholen sich unter Eduard IV. s. Warkworth 4. s. p.
3) Engl. Chron. 79.
4) Gaderyng ryches innumerable. Engl. Chron. 79.
5) Er hatte Viscount Bourchier ersetzt. Stevenson I. 367/68.
6) Wheth. II. 454; cf. Basin I. 253 u. Monstrelet XI. 209, die schon früher York die Absicht, Heinrich zu stürzen, unterschieben.
7) Past. Lett. I. 438/39; am 10. Mai sollten alle in Leicester sein. cf. Stevenson I. 511.
8) Engl. Chron. 79.
9) Im Mai waren schottische Gesandte in London. Issue Rolls, Easter 37. Henry VI.

Heinrich VI. flehentlich baten, von diesen Beweisen seiner Waffenbrüderschaft Abstand zu nehmen[1].

Auch Richard und Salisbury hatten inzwischen alle Leute ihrer Besitzungen aufgeboten; Warwick sollte mit den Truppen, die in Calais entbehrlich waren, hinüberkommen[2].

Am Sonntag den 23. September 1459 kam es bei Bloreheath zum Treffen zwischen Salisbury und Lord Andley, dem Führer der Royalisten. Sämtliche vornehmen Lancastrier fielen[3], allein auch der Earl hatte Verluste zu beklagen, da 2 seiner Söhne durch Unvorsichtigkeit in die Hände der Feinde geraten waren[4]. Warwick selbst bewerkstelligte die Vereinigung mit seinem Vater nicht ohne Mühe, und nur durch Zufall entging er bei Coleshill dem jungen Somerset. Unter den Offizieren, die er von Calais mitgebracht hatte, befanden sich Andrew Trolloppe und John Blount, verdiente Veteranen aus den Franzosenkriegen[5]; allein man fürchtete im Yorkschen Lager, dass selbst die militärische Erfahrung dieser Männer dem Mangel an numerischem Gleichgewicht nicht abhelfen würde.

Der König, welcher bei Worcester eine Armee zusammengezogen hatte, liess den Verbündeten noch einmal im Falle sofortiger Übergabe Amnestie anbieten, aber Warwick erinnerte daran, wie man ihm in Westminster nach dem Leben getrachtet hatte[6], und die Versöhnung schlug fehl; Heinrichs Amnestieen waren wertlos geworden, seitdem Margareta in Coventry bewiesen hatte, dass sie sich nicht um des Königs Zusicherungen kümmerte.

Am 10. Oktober veröffentlichten die Rebellen von

---

[1] Lesley 308. Tytler II. 49. Turnbull 243.
[2] Wheth. II. 454.
[3] Hall 240; Margareta hatte Befehl erteilt, Salisbury tot oder lebendig einzubringen. Hist. Coll. 204. Engl. Chron. 80. Three F. C. C. 73.
[4] Leland, Coll. I. p. II. 496. Engl. Chron. 80; sie wurden bald darauf freigelassen.
[5] Hall 240. Hist. Coll. 204. Waurin — II. V. 322.
[6] Wheth. II 457.

Ludlow aus ein Manifest, indem sie ihre Anhänglichkeit an König und Vaterland beteuerten; sie erklärten, dass sie nur die zum Selbstschutz nötigen Truppen hätten, und beklagten sich vor Allem über die Plünderung ihrer Besitzungen durch lancastrische Lords[1]). Noch einmal antwortete Heinrich mit der Erklärung, er werde einen Generalpardon für alle die erlassen, welche innerhalb von 6 Tagen die Waffen strecken würden. Aber Herzog Richard zeigte sich nicht gefügig, und schon waren seine Leute mit der Vorhut des Königs in ein Plänklergefecht verstrickt. Beide Parteien hatten sich auf eine Schlacht am nächsten Tage gefasst gemacht; aber es sollte anders kommen, als man erwartete; in der Nacht gingen Trolloppe und Blount zum Feinde über, und der Verrat dieser kriegserfahrenen Haudegen verursachte eine solche Panik, dass sich das Heer am Morgen in wilder Flucht auflöste. York eilte mit seinem zweitältesten Sohn über Wales nach Irland; die Nevils und Eduard von March suchten nach Calais zu entkommen[2]).

In einem kurzen Feldzug von 30 Tagen, in dem sich der König tüchtig bewährt hatte, war die mächtige Partei der Yorks fast ohne Kampf aus dem Lande getrieben worden, und es schien, als ob jede Hoffnung auf ihre Rückkehr nach England ausgeschlossen sei.

Margareta hatte jetzt freie Hand: beide Häuser wurden einberufen, und nur die Lords, welche für Richards Anhänger galten, erhielten keine Mitteilung über den Termin[3]). Der König selbst eröffnete die Session; auf der Tagesordnung standen die Hochverratsakte gegen die Häupter der Rebellion und die Bestätigung der Thronfolge des Prinzen von Wales. Die Anklageschrift gegen Herzog Richard war lang und ungerecht; alle Unruhen seit Cades Aufstand schrieb man ihm zu; dass Margareta die

---

[1]) Engl. Chron. 81. Wheth. II. 458/59.
[2]) Hist. Coll. 205—7. Hall 241. Fabyan 634. Wheth. II. 459ff. Rot. Parl. V. 348/9. Leland, Coll. I. p. II. 497.
[3]) Das Unterhaus wurde ganz willkürlich von hochstehenden Lancastriern gewählt. Rot. Parl. V. 367, 374. Engl. Chron. 83.

Offensive ergriffen hatte, wurde ganz übersehen[1]). 23 Barone wurden geächtet, aber der gütige König unterschrieb die Urkunde nur mit dem Vorbehalt, in einzelnen Fällen das Begnadigungsrecht zu üben[2]). In seiner Harmlosigkeit glaubte er noch immer nicht, dass in der Yorkschen Partei eine Gefahr für seine Dynastie lag; ja er weigerte sich sogar, den Haftbefehl gegen Lord Stanley, der Salisbury bei Bloreheath geholfen hatte, zu unterzeichnen[3]). Prinz Eduard wurde vom Parlament zum Thronerben erklärt, und die Pairs leisteten ihm und seiner Mutter von neuem den Treueid. Im Gegensatz zu der Stimmung, die im Volk herrschte, stand der weitaus grösste Teil des Adels — und das ist nach der sechzigjährigen Regierungszeit des Hauses Lancaster nicht erstaunlich — noch auf des Königs Seite[4]); aber was den Anhängern der roten Rose fehlte, war ein Staatsmann, der mit Erfolg an die Spitze der Partei treten konnte.

Drittes Kapitel.

Am 9. Oktober 1459 wurde das Commando von Calais dem Herzog von Somerset übergeben[5]), und am 30. März 1460 erhielt Exeter die längst ersehnte Würde eines Admirals[6]); allein beide Ehren waren illusorisch, so lange Warwick die Stadt und den Kanal besetzt hielt.

[1]) Rot. Parl. V. 345.
[2]) Rot. Parl. V. 346–50. Wheth. II. 473.
[3]) Rot. Parl. V. 369.
[4]) Zur Stellungnahme des Hochadels cf. Stubbs III. 180/81.
[5]) Rym XI. 439. Rep. of the Dep.-K., 48th, 438; durch Beschluss vom 31. 1. 60 auf 12 Jahre, 48th Rep. 441.
[6]) Rym. XI. 449. Rep. of the Dep.-K., 48th giebt den 26. an, p. 443. m. 5.

Der Abfall der alten Freunde hatte den rastlosen Mann nicht gebeugt: vom Lager aus war er mit seinem Vater, Eduard von March, Sir John Dynham und 2 Begleitern nach der Küste von Devonshire geflohen, auf Kreuzwegen, alle Städte vermeidend [1]). In einem Fischerdorf mietete Dynham für 200 Goldstücke [2]) einen Einmaster; er befahl dem Besitzer und 4 seiner Leute mitzufahren, indem er als Reiseziel Bristol angab. „Als man auf hoher See war, fragte Warwick, ob der Schiffsherr die Bucht von Cornwallis und den Kanal kenne; dieser jedoch verneinte es. Salisbury und die Übrigen waren tief bekümmert, aber der Earl meinte, mit Gottes und des heiligen Georgs Hülfe werde er sie in einen sicheren Port bringen" [3]). Der Schiffsherr mag — wenn wir dem französischen Chronisten Glauben schenken dürfen — über den veränderten Fahrtenplan nicht sehr erbaut gewesen sein; Warwick aber, dem jetzt seine langjährige Erfahrung zu statten kam, brachte das Schiff glücklich nach Calais, wo ihre Ankunft 20 Tage nach dem Aufbruch von Ludlow erfolgte. Lord Fauconberghe, der stellvertretende Befehlshaber, war froh, seine Verwandten, die er schon tot glaubte, wiederzusehen, und Alle begaben sich in die Kathedrale von St. Peter, um Gott für die wunderbare Rettung zu danken [4]). Die Bevölkerung war hocherfreut über Warwicks Rückkehr, die gerade zur rechten Zeit erfolgt war; denn schon lag Somerset in Sandwich, um den ihm übertragenen Posten anzutreten. Am nächsten Tage erschien auch ein feindlicher Herold, um zu verkünden, dass sein Herr morgen das Kommando übernehmen werde; der wachthabende Offizier aber antwortete, er werde dies dem Earl, der einzig und allein der rechtmässige Befehlshaber der Garnison sei, mitteilen. Da zog sich der Herold eiligst zurück, um die Kunde von Warwicks Ankunft nach Sandwich zu bringen; gross aber

---

[1]) Waurin-II. V. 277.
[2]) Leland, Coll. I. p. II. 497.
[3]) Waurin-II. V. 278.
[4]) Waurin-II. V. 278. Fabyan 635. Weth II. 462.

war Somersets Erstaunen, als er vernahm, dass sein Gegner ihm zuvorgekommen; denn kein Mensch in England wusste, wohin die Nevils geflohen waren [1]).

Trotzdem beschloss der Herzog mit Gewalt sein Recht geltend zu machen, und am anderen Morgen segelte er mit Andrew Trolloppe nach Guisnes, um Calais vom Lande her anzugreifen; aber ein heftiger Sturm trieb gerade die Schiffe, auf denen ihre Pferde und Waffen waren, in den Hafen von Calais, sodass ihnen nichts übrig blieb, als sofortige Übergabe. Warwick dankte, um mit dem Chronisten zu reden, der göttlichen Schickung und nicht Somerset den guten Fang; von den Gefangenen liess er die, welche ihm als Offiziere den Treueid geschworen und ihn bei Ludlow gebrochen hatten, hinrichten; die anderen gab er frei, indem er hinzufügte, sie hätten ihrem König nach Möglichkeit gedient; nur Lord Andleys Sohn musste zurückbleiben [2]).

Somerset und Trolloppe lagen derweil müssig in Guisnes; ehe neue Waffen aus Boulogne kamen, konnten sie gegen Warwick nichts unternehmen. Von England aus war keine Hülfe zu erwarten, denn der Earl beherrschte den Kanal vollständig, und ein geheimer Vertrag mit dem Herzog von Burgund verhinderte, dass ihm die Lancastrier vom Land her die Zufuhr abschnitten [3]). Gleich nachdem Yorks Flucht bekannt geworden war, hatte sich Philipp mit Warwick ins Einvernehmen gesetzt; der letztere war in Gravelines mit dem Marschall von Burgund und Herrn von Lannoy zusammengetroffen [4]) und kurz darauf kam der Graf v. Charolois, Philipps Sohn, zu längerem Besuch nach Calais [5]). Auch von Karl VII. war nichts zu fürchten; Frankreichs Interesse war zur Zeit auf Italien gerichtet,

---

[1]) Waurin-II. V. 279.
[2]) Waurin-II. V. 280. Fabyan 635. Engl. Chron. 84. Hist. Coll. 206. W. Worc. 479.
[3]) Waurin-II. V. 282.
[4]) Du Fresne VI. 270.
[5]) Vom 5. Nov. bis 5. Dec. 1459; cit. aus Arch. du Nord. B. 2010 f. 155 v°.

zumal auf Mailand, wo der kluge Sforza an Stelle der mit den Orléans verwandten Viscontis herrschte[1]), und so mächtig schien der milanesische Herzog zu werden, dass sich ein Bund gegen ihn zwischen Herzog Franz von Bretagne[2]), Karl VII. und seinem Bruder bildete[3]), zu dem Venedig und Modena ihren Beitritt in Aussicht stellten[4]). Warwick konnte mithin in aller Ruhe den Vorbereitungen des Herzogs von Somerset zusehen, und die Weihnachtszeit kam, ohne dass eine eigentliche Belagerung von Calais erfolgte. Ende Dezember jedoch verbreitete sich das Gerücht, Margareta werde zahlreiche Truppen zur Verstärkung nach Guisnes entsenden, und wirklich trafen auch Lord Rivers und Anthony Woodville in Sandwich ein, um die Mannschaften nach Frankreich hinüberzubringen; aber heftige Stürme und Meutereien der, wie immer, nicht besoldeten Scharen, hemmten die Fahrt[5]). Da fragte Warwick eines Tages, ob es möglich wäre, dass er sein altes Admiralschiff von Sandwich wiederbekäme, und Sir John Dynham meinte: ja. Kurz darauf segelten Wenlock und Dynham nach der englischen Küste und liefen früh am Morgen im Hafen von Sandwich ein. Es gelang ihnen ohne Blutvergiessen die beiden Anführer zu fangen; Lord Rivers wurde im Schlafe überrascht. Die Einwohner, wie alle Kenter yorkisch gesinnt, leisteten keinen Widerstand, als Dynham mit allen gekaperten Kriegsschiffen nach Calais zurücksegelte. Dort herrschte grosse Freude über die gute Beute, aber der Empfang, den die Woodvilles fanden, war nicht eben angenehm. Von 100 Fackelträgern wurden sie vor die 3 Earls gebracht, und zuerst verspottete Salisbury Lord Rivers und nannte ihn den Sohn eines Schurken, weil er so frech gewesen, so vornehme Herren als Verräter zu brandmarken. Dann verhöhnte ihn Warwick, in-

---

1) Taillandier II. 72 n.
2) Arthur war 1459 gestorben. Taillandier II. 70.
3) Taillandier II. 72. Chron. St. Michel I. 62.
4) Morice II. 1755.
5) Rymer XI. 440. 443.

dem er sagte, sein Vater sei noch gar nicht adlig gewesen, und er selbst sei nur durch eine gute Heirat emporgekommen; zudem sei er eben erst ein Lord geworden, so dass er sich nicht ein Urteil über Lords von königlichem Geblüt anmassen dürfe. Auch Yorks Sohn fügte kränkende Worte hinzu, und dann wandten sie sich mit ihren Schmähungen an Rivers Sohn. Die Scene ist nicht ohne Humor; erstens, wenn man bedenkt, dass Warwick Rivers seine Heirat mit der Herzogin von Bedford vorwarf, während die Nevils selbst durch ihre Frauen ihren grossen Besitz erworben hatten, dann auch, weil Eduard von March einst die Tochter des verspotteten Emporkömmlings freien sollte. Den Gefangenen aber geschah trotz der herben Worte kein Leid; sie wurden in Lord Audleys Kerker gebracht und dort gut verpflegt[2]).

Die ersten Monate des Jahres 1460 vergingen unter leichten Gefechten zwischen Somersets Truppen und der Besatzung von Calais, ohne dass eine der Parteien einen grossen Erfolg oder einen Schaden aufzuweisen hatte. Unbekümmert um seine Entsetzung[3]) und um die Achtserklärung behielt Warwick seinen Posten, aus dem ihn Margareta vergebens zu vertreiben suchte. Am 24. Februar schrieb Brézé an Karl VII., die Königin habe ihn aufgefordert Warwicks Schiffe zu nehmen und ihm möglichst zu schaden[4]); allein der Normanne hatte augenscheinlich von Paris aus den Auftrag erhalten, sich aller Feindseligkeiten zu enthalten. Dagegen zeigte sich Jakob von Schottland willig, von neuem seine Truppen nach England zu führen, und die Uneinigkeit der feindlichen Generale[5]) bahnte ihm einen Weg durch die nördlichen Grafschaften. Heinrich VI. hatte sich auf Drängen Margaretas nicht gescheut, dem Schottenkönig für seine Unterstützung Northumberland und

---

[1]) Past. Lett. I. 504, 506. Waurin-II. V. 284. Engl. Chron. 85
[2]) Waurin-II. V. 284.
[3]) Stow, Ann. 404.
[4]) Du Fresne VI. 288 cit. Basin IV. 358—60.
[5]) Chron. Anchinl. 57.

Durham zu versprechen¹), und Jakob, dem es gleich war, ob er yorksches oder lancastrisches ²) Eigentum verwüstete, zog plündernd und sengend ³) in den Gebieten umher, die einst nach dem Vertrage ihm zufallen sollten. Mit Mühe gelang es den zweifelhaften Verbündeten zum zweiten Male zum Abzug zu bewegen und einen Waffenstillstand zu Stande zu bringen⁴).

Während Margareta mit dieser drohenden Frage beschäftigt war, kam um die Fastnachtszeit 1460 die Kunde von Herzog Richards glänzender Aufnahme in Irland⁵), wo Adel und Volk den Flüchtling wie einen „neuen Messias⁶)" empfangen hatten. Warwick beschloss sofort abzusegeln, um mit seinem Oheim einen neuen Einfall nach England zu planen⁷) und die Königin zu überraschen, ehe sie Zeit fand, neue Hebel gegen ihn in Bewegung zu setzen. Mit 10 Kriegsschiffen und 1500 Mann machte er sich auf den Weg nach dem alten Lande der Verschwörungen, und nach einer durch Märzwinde stark erschwerten Fahrt kam er wohlbehalten in Waterford an, wo er York und Rutland, sowie seine vom Parlament von Leicester geächtete Mutter traf. Der Angriffsplan wurde genau besprochen, und nach wenigen Wochen konnte sich der Earl wieder auf den Heimweg machen; mit ihm fuhr die Gräfin Salisbury, die ihren Mann schon über ein Jahr lang nicht gesehen hatte. In England hatte man inzwischen von der Expedition des Earls Kunde erlangt, und der Herzog von Exeter, sein Nachfolger in der Admiralswürde, verlegte ihm bei Dartmouth den Weg mit überlegenen Kräften⁸). Trotzdem

---

¹) Tytler II. 49. Lesley 308. Holinshed V. 414.
²) Chron. Auchinl. 57.
³) Turnbull 243. Tytler II. 49.
⁴) Am 20. II. 1460. Rot. Scotiae II. 393—98; am 6. Juli 1459 war ein Frieden auf 4 Jahre geschlossen worden! Acts of the Parl. of Scotland II. 103. Über die gesamten Verhandlungen s. Rot. Scotiae II. 390—398. Tytler II. 49.
⁵) Cusack 689. Past. Lett. I. 505. Ellis II. I. 117.
⁶) Turner III. 205. n. 17.
⁷) Hall 243.
⁸) Rym. XI. 449.

entschloss sich Warwick zum Kampf, und nachdem er
seine Leute durch eine Ansprache ermuntert hatte, griff
er mit seinen 10 Schiffen Exeters 14 an; aber zu seinem
grossen Erstaunen flohen diese in den Hafen zurück: die
Matrosen des Herzogs hatten gemeutert und erklärt, sie
würden nicht gegen ihren alten Führer kämpfen, und so
musste Exeter, aus Furcht, dass alle Seetruppen zum Feinde
übergingen, den Befehl zum Rückzug nach Dartmouth
geben[1]). Warwick, der keine Ahnung davon hatte, welchen
Zauber sein Name auf der anderen Flotte ausübte, liess
diese im Hafen liegen und steuerte auf Calais zu, wo er
am 1. Juni 1460 eintraf[2]).

Salisbury und Fauconberghe waren schon wegen seiner
langen Abwesenheit in Unruhe gewesen, zumal da sich bei
der Besatzung Zeichen von Unzufriedenheit gezeigt hatten;
mit der Rückkehr des Earls hörte das Murren der Soldaten
auf, und die Lords konnten ohne weitere Störung an die
Ausführung der von Richard von York ersonnenen Massregeln schreiten.

Die Nachrichten, welche während Warwicks Abwesenheit aus England eingetroffen waren, mussten notgedrungen
ein rasches Vorgehen der Yorkisten erheischen: überall
im Volke gährte Unzufriedenheit wegen der in Leicester
gefassten Beschlüsse; kleine Reibereien und Übergriffe der
herrschenden Partei erhöhten die gereizte Stimmung; so
hatte eben erst die Hinrichtung eines Nevil und 7 Londoner
Bürger, welche sich auf der Themse nach Calais einschiffen
wollten, die Bewohner der City masslos erbittert[3]). Dass
der ganze Süden bei einer Landung des Earls das Nevilsche Banner aufpflanzen würde, unterlag keinem Zweifel,
und deutlich zeigte sich die Stimmung der Einwohner in
den Versen, welche eine unbekannte Hand an die Thore
von Canterbury anheftete:

---

[1]) W. Worc. 479. Fabyan 636. Engl. Chron. 85. Waurin-H. V.
287—89. Stevenson II. 772.

[2]) W. Worc. 476. Engl. Chron. 85. Gilbert, Viceroys 371. Hall
243. Waurin-H. V. 290.

[3]) W. Worc. 478. Three F. C. Chron. 73.

„Send hom, most gracious Ihesu, most benygne,
Send hoome thy trew blode unto his propre reyne,
Richard duk of York, Job thy seruaunt insygne
Whom Sathan not cesethe to sette at care and dysdeyne.
But by The preserued he may nat be slayne.
Sette hym, ut sedeat in principibus, as he dyd before,
. . . . :
Edwarde, Erle of Marche, whos fame the erthe shalle sprede
Richard, Erle of Salisbury named prudence,
Wythe that noble knyghte and floure of manhode
Richard erle of Warrewyk sheelde of our defence
Also lytelle Fauconberge a knyghte of gret reuerence,
Ihesu ham restore to thayre honoure as thay had before" [1]).

Auch die Hauptstadt war den Nevils wegen des Glanzes, mit dem sie auftraten, von jeher zugethan, und sogar unter dem hohen Adel schien mancher bereit, mit Herzog Richard gemeinsame Sache zu machen, so der Herzog von Norfolk und die in Ungnade gefallenen Bourchiers [2]).

Noch einmal erfolgte ein Scheinversuch der vier Pairs, durch eine Proclamation an den Erzbischof von Canterbury und die Gemeinen ihre Forderungen in Frieden durchzusetzen; allein das Manifest selbst war nicht in versöhnlichem Tone gehalten; es setzte Kirchenraub, ungerechte Justiz und andere schlimme Thaten auf Conto der Regierung; es erinnerte an die grossen Geldopfer, welche man für die französischen Feldzüge gebracht hatte, und an den schmählichen Verlust von Guyenne, Gascogne und Normandie; es warf der Umgebung des Königs vor, dass diese Iren,

---

[1]) Engl. Chron. 93 cf. Arch. Brit. XXIX. 332 (Mai 1460):
„S for Saleshury, w^t out any questione
Rialle in his reynyng, and wise in euery case
He bryngethe many maters to goode conclusion
Called for his wisdom pater familias.
W for Warwik geode w^t sheld and other defence.
The boldest vnder baner, in batelle to a-byde,
For the right of Englond he dothe his diligence;
Bothe the londe and watyr God be hys gyde."
[2]) Rym. XI. 383. Past. Lett. I. 408. Rot. Parl. 35. II. VI. pt. 1 m. 16 cit. v. Gairdner.

Schotten und Franzosen gegen die letzten Besitzungen der Krone ausserhalb Englands, ja gegen die eigenen Landsleute aufgestachelt habe, und dass von Westminster aus die Verproviantierung von Calais verboten worden sei. Dann wurden die Versuche erwähnt, die seit Gloeesters Tod gemacht worden, um Herzog Richard und seine Söhne ums Leben zu bringen, und zum Schlusse sah man die Namen der Hauptschuldigen: Wiltshire, Shrewsbury, Beaumont. Die Unfähigkeit des Königs, sich seinen schlechten Ratgebern zu entziehen, wurde in nicht misszuverstehender Weise hervorgehoben[1].

Die einzige Anwort, welche die Regierung auf diese Klagen gab, war die, dass alle 4 Pairs für vogelfrei erklärt wurden[2].

Nun beschloss Warwick, noch vor Ablauf des Juni mit dem grössten Teil der Garnison von Calais nach Kent überzusetzen[3]. In Sandwich lagen 500 Mann Regierungstruppen, aber Dynham wurde mit ihnen ebenso schnell fertig, wie einst mit den Soldaten von Lord Rivers[4]. Der Anführer der Feinde, Osbert Mundeford, einer der Verräter von Ludlow, ward wenige Tage darauf als Deserteur hingerichtet[5]. Am 27. Juni trafen die 4 Lords in Sandwich ein, und kaum waren sie einige Stunden dort, als sich ihnen der Erzbischof von Canterbury mit einer grossen Anzahl Leute aus seiner Diözese anschloss[6]. Bourchier war nicht der Mann, der lange zu einer Partei hielt, und kein englischer Prälat, ausser etwa Warwicks Bruder, verstand es besser, Opportunitätspolitik zu treiben. Der Zufall aber sollte den Yorkisten einen noch wertvolleren Verbündeten gewinnen. Auf dem Stuhle Petri sass um jene Zeit Pius II., als Kardinal unter dem Namen Aeneas Sylvius Piccolomini bekannt, ein Mann von hohem Geiste

---

[1] Engl. Chron. 86—90, cf. Du Fresne VI. 290.
[2] Am 11. Juni. Rym. XI. 454.
[3] Ellis III. 1. 91.
[4] Wheth. II. 477. Engl. Chron. 81.
[5] W. Worc. 479. Hist. Coll. 207. Leland, Coll. I. II. 497.
[6] Ellis s. l.

und idealistischen Anschauungen. In jungen Jahren war er selbst in England und Schottland als Friedenstifter gewesen[1]); jetzt sandte er den Bischof von Terni, um in England die Idee eines Kreuzzuges wieder zu beleben und die Parteien unter sich und mit Frankreich zu versöhnen[2]). Der englische Klerus jener Zeit war gewiss von moralischer Fäulniss angefressen, und ausser Scrope und Pecock wagte niemand, offen seine Meinung zu sagen; aber Francesco Coppini, der neue päpstliche Legat, übertraf alles, was an Corruption und Frechheit bisher dagewesen war. Schon im Jahre 1459 war er in London gewesen[3]), aber niemand hatte sich seiner angenommen; Warwick jedoch erkannte, dass der Mann von grossem Nutzen sein würde; er sandte ihn von Calais nach England zurück und richtete dann ein Schreiben an ihn, worin die Pairs alles Unrecht auf die Gegenpartei schoben, für sich und den Herzog seine Hülfe erbaten und auf ihre starke Macht hinwiesen. Coppini hatte zwar den ausdrücklichen Auftrag, dem in Rom wohlgefälligen Heinrich beizustehen[4]); aber er versprach sich nicht viel von einem König, dem nicht einmal die Geistlichen gehorchten, wenn er sie zu einem Concil entsandte[5]). Offene Parteinahme für die Rebellen erschien ihm das beste, und daher schrieb er von London aus an den Monarchen, „er habe auf seiner Reise die Unzufriedenheit der Bevölkerung kennen gelernt, und falls nicht die gerechten Forderungen Richards und seiner Anhänger bewilligt würden, seien die grössten Gefahren für das Reich zu befürchten[6]).“ Damit nicht zufrieden, fälschte er das päpstliche Mandat in yorkschem Sinne[7]); das Geld aber, welches

---

[1]) Boethius XIX. p. 354. Milman VIII. 117. 120.
[2]) Creighton II. 391. Pii II. Com. 88.
[3]) Rym. XI. 419.
[4]) Pii II. Comm. 88/9; 277/78.
[5]) Pii II. Comm. 89; Heinrichs Delegierte weigerten sich auf seinen Befehl nach Mantua zu gehen.
[6]) Ellis III. 1. 85 cit. a. Vatic. Mus. Add. 15384. fol. 94. State Pap. I. Nr. 375.
[7]) Pii II. Comm. 89.

gläubige Seelen für den Zug gegen die Türken spendeten, steckte der fromme Mann in seine Tasche [1]).

Inzwischen war Warwick mit seiner Armee am ersten Juli 1460 vor den Thoren Londons eingetroffen [1]); in vier Tagen hatte er über 100 Kilometer zurückgelegt, und sein plötzliches Erscheinen erregte umsomehr Erstaunen, als man sich auf einen Einfall Yorks von Irland aus gefasst gemacht hatte. Heinrich und Margareta waren in Coventry; die Hauptstadt stand unter dem Befehl von Lord Scales und Lord Hungerford. Diese versuchten wohl anfangs Widerstand zu leisten; doch der Pöbel zwang sie, sich in den Tower zurückzuziehen. Der Stadtrat beschloss den Yorkschen die Thore zu öffnen, da diese sich in allen Proclamationen [2]) gegen dynastische Absichten Richards verwahrt hatten, und so zogen die Lords am 2. Juli in London ein, begleitet von Bourchier, Coppini und 5 anderen Bischöfen. In der Paulskirche hielt Warwick eine Ansprache an Priester und Laien, in der er hervorhob, dass sie nur gekommen seien, um sich vor dem König selbst zu rechtfertigen oder ehrenvoll zu fallen. Und er schwor auf das Kreuz von Thomas Becket einen heiligen Eid, Heinrich VI. treu zu bleiben [3]). Margarete war derweile mit einer grossen Armee unter Buckingham und Somerset nach Northampton geeilt [4]). Beide Parteien waren sich der Zahl annähernd gewachsen; aber diesmal stand ein grosser Teil des hohen Adels auf Yorkscher Seite, so vermöge ihrer Verwandtschaft die Lords Abergavenny, Cobham, Clinton, Bourchier und Say, die Bischöfe von Ely, Salisbury und Rochester; ja sogar der Sohn des bei Bloreheath gefallenen Audley war von Warwick für die Sache der Empörer gewonnen worden.

Am 5. Juli zogen die Männer von Kent, Essex, Lussex, Middlesex und Surrey unter Warwick und Eduard von

[1]) Engl. Chron. 95. W. Worc. 480. Wheth. II. 479. Three F. C. Chron. 73. 153.
[2]) cf. Ms. Harl. 543.
[3]) W. Worc. 480.
[4]) Hist. Coll. 209. Rym. XI. 457; am 7. Juli.

March über St. Albans und Towcester nach Northampton zu; Salisbury und Cobham waren in London zurückgeblieben, um in Gemeinschaft mit dem Lord Mayor den Tower zu belagern. Noch während des Marsches erfuhren die Yorkschen, Margareta habe in Cheshire und Lancashire versprochen, dass ihre Aufgebote im Falle eines Sieges die südlichen Grafschaften nach Herzenslust plündern dürften; aber der Gedanke an Weib und Kind war durch die Kriegslust erstickt worden.

Die Königin hatte ihr Lager ausserhalb Northamptons in gesicherter Position aufgeschlagen [1]; das Commando hatte der alte Buckingham trotz seiner Verwandtschaft mit den Nevils, aus Loyalität wieder übernommen [2].

Warwick wollte zuerst noch einmal versuchen, sich persönlich beim König Gehör zu verschaffen, aber Buckingham liess seine Gesandten, die Bischöfe von Rochester und Salisbury, nicht bei Heinrich vor, und als diese sich auf ihre geistliche Würde beriefen, da meinte er: „Ihr seid nicht als Bischöfe hergekommen, um über den Frieden zu reden, sondern als Kriegsleute", und dabei deutete er auf die zahlreichen Mannen, die bei den Bannern der geistlichen Herren unter den Zelten des feindlichen Lagers weilten.

Um 2 Uhr Nachmittags gab Warwick den Befehl zum Angriff. Er selbst stand im Centrum, Fauconberghe befehligte den linken, Eduard den rechten Flügel. Vor Beginn des Kampfes war die Ordre erteilt worden, die Gemeinen nach Möglichkeit zu schonen und nur die Lords und Ritter, die ja für das Blutvergiessen verantwortlich waren, zu erschlagen. Der erste Sturm der Yorkschen auf das Lager wurde erfolgreich zurückgewiesen, und Warwick fand, dass die Schwierigkeiten grösser waren, als er gedacht hatte: von dem Graben, der sich um die Stellung der Lancastrier herumzog, bis zur Wallhöhe waren 6 Fuss, und der heftige Regen vom Morgen erschwerte das Fortkommen.

---

[1] Wheth. II. 480.
[2] Engl. Chron. 96/7. W. Worc. 481.

Aber ein Verräter half dem Earl zum Siege: kaum hatte der Kampf wieder begonnen, als Lord Grey de Ruthyn das Warwicksche Banner aufzog und seinen Leuten befahl, den Yorkisten beim Erklettern des Walles behülflich zu sein. In einer halben Stunde hatten Richard und Eduard das ganze Lager im Besitz, ohne dass viel Blut geflossen war. Die Häupter der Feinde waren allerdings tot; der alte Buckingham lag erschlagen vor seinem Zelte; Egremont, Beaumont und Shrewsbury waren niedergemacht worden, als sie gerade den König zur Flucht bereden wollten. Dieser sass hülflos lange Zeit da, bis ihn ein Bogenschütze, namens Montford entdeckte; Margareta war mit ihrem Sohn nach Schottland geflohen, um dort bessere Zeiten abzuwarten.

Mit derselben Ehrfurcht, wie einst nach dem Siege von St. Albans geleitete Warwick den sechsten Heinrich nach der Hauptstadt, wo er wieder zu Westminster seine Residenz aufschlug [1]).

Die erste Sorge der neuen Machthaber galt der Bildung eines neuen Ministeriums; George Nevil wurde Kanzler [2]) und Bourchier trat an die Stelle des verhassten Wiltshire [3]). Warwick wurde wieder in die Stellungen eingesetzt, welche Exeter und Somerset nur dem Namen nach innegehabt haben [4]), Salisbury erhielt das Commando in den 6 nördlichen Grafschaften, John Nevil die Kämmererwürde. Der König unterschrieb ebenso willig alle Patente, als ob sie ihm Margareta vorgelegt hätte; es war eben Heinrichs Schicksal, stets aus der Gefangenschaft einer Partei in die der anderen zu geraten.

Drei Tage nach der Schlacht von Northampton ergab sich auch der Tower; Lords Scales, der ihn heldenmütig verteidigt hatte, wurde auf der Flucht erschlagen. Noch am selben Abend liessen ihn Warwick und Eduard ehrenvoll begraben, „denn es war schade", sagt der Chronist,

---

[1]) Engl. Chron. 97—99. Fabyan 636. W. Worc. 481. Leland, Coll. I. II. 498. Arch. Brit. XXIX. 334. Three F. C. Chron. 74.
[2]) Wharton I. 318.
[3]) Rym. XI. 448. Issue Rolls 39. II. VI.
[4]) Doyle III. 587. Rot. Fr. m. 4. .

„dass ein Krieger, der sich in den Kämpfen um Frankreich und die Normandie so ausgezeichnet hatte, auf diese schmähliche Weise zu Grunde gehen musste"[1]).

Anfang August begab sich Warwick nach Guisnes, um sich mit seinem alten Widersacher auszusöhnen[2]). Bei Newnham Bridge fand eine Begegnung statt; allein nachdem Somerset den Grafen umarmt und seine Bereitwilligkeit zu Allem, was dieser vorschlug, ausgesprochen hatte[3]), floh er heimlich mit Sir Andrew Trolloppe in seine eigene Grafschaft.

Philipp von Burgund hatte den Sieg bei Northampton mit grosser Freude begrüsst, und es schien, als ob der Bund zwischen ihm, Warwick, Sforza und dem Dauphin Ludwig Karl VII. gefährlich zu werden drohte[4]). Der Earl zog es jedoch vor, für den Augenblick die englischen Verhältnisse nicht ausser Licht zu lassen; er führte Frau und Kinder im Triumph nach London, wo die Gräfinnen ihr altes Quartier „the Erbar[5])" bezogen.

---

[1]) W. Worc. 482. Engl. Chron. 98.

[2]) W. Worc. 482. Waurin-II. V. 306. Somerset hatte versucht Guisnes an Charolois abzutreten, allein Philipp verhinderte den Handel. Waurin V. 291. Am 5. VIII. erhielt der Herzog den Auftrag, die Stadt Warwick zu übergeben. Rep. of the Dep.-K. 48th, 443. m. 4.

[3]) Waurin-II. V. 307.

[4]) In einem Brief vom 13. August, an Sforza gerichtet, heisst es: Existimandose pur che quel conte de Varvich et duca de Diorch .... debano pigliare intelligentia col duca de Bergogna e Dalphino, de li quali sonno intrinsici amici, et tuti insieme dare voglia a la prelibata M^{ta} de lo Re di Franza. Du Fresne VI. 297 n. Der Dauphin spielte allerdings ein doppeltes Spiel, wie sich aus einem Brief Camulios an Sforza ergibt: „Jo sun in qualche opinion che se Varnick vince, Daltin so rendera caro al Re de Franza." Du Fresne VI. 314. n. Im Falle einer Niederlage Warwirks war ein Angriff Karl VII. zu befürchten: „Et me è paruto che se tutto el suo parlare havero inteso questa substancia che sel duca de la Marichie, figliolo del duca de Jorch et conte de Varvick perdano, reputa dubitare de qualche nocumento del Re de Franza . . . .", schreibt der Gesandte beim Dauphin an den Herzog. Du Fresne VI. 327 cit. a. Arch. de Milan, Francia dal ... al 1470.

[5]) Es lag in der City, a. d. Themse, und war aus dem Besitz der Scroopes an die Nevils übergegangen. Wheatley II. 15. Stow, Survey 86.

Dort blieb der Earl bis zum September; dann begab er sich mit der Gräfin auf eine Pilgerfahrt zur hlg. Jungfrau von Walsingham nach Norfolk; auf dem Rückweg fiel er beinahe in die Hände eines eifrigen Lancastriers, des Lord Willoughby, der ihm bei Lichfield auflauerte[1]). Nur kurze Zeit konnte Warwick den eigenen Besitzungen widmen, die noch deutliche Spuren von Somersets Verwüstungen aufwiesen; am 9. Okt. musste er wieder in London sein, um an den wichtigen Verhandlungen des neuen Parlamentes teilzunehmen[2]). Der König eröffnete die Session in eigener Person; auf der Tagesordnung stand in erster Linie die Zurücknahme der Beschlüsse von Leicester, zumal der Achtserklärungen gegen die Yorkisten. Am dritten Tage traf endlich Herzog Richard ein, 2 Monate später, als er ursprünglich beabsichtigt hatte[3]); jetzt kam er gerade recht, um im entscheidenden Augenblick in die Verhältnisse einzugreifen. Mit allen Abzeichen königlicher Würde war er von Abingdon bis zu den Thoren von Westminster gezogen[4]), fest entschlossen, sich zum Herrn der Situation zu machen[5]). Wenig rücksichtsvoll scheint er gegen den Monarchen vorgegangen zu sein, denn der Chronist meldet lakonisch: „Er liess die Thüren aufbrechen, und als König Heinrich den grossen Lärm hörte, machte er Platz und nahm ein anderes Zimmer für die Nacht"[6]). Ebensowenig Umstände machte er, als er am nächsten Morgen ins Oberhaus kam; er legte seine Hand auf das Thronkissen, und als ihn Bourchier fragte, was er im Sinn habe, da erklärte er kurzweg, er fordere als männlicher Erbe Richards II. Reich und Krone von England und wolle ohne Verzug gekrönt werden.

---

[1]) Waurin-II. V. 309.
[2]) Waurin-II. V. 312—13. Rot. Parl. V. 373/74. Rym XI. 462.
[3]) W. Worc. 483. Past. Lett. I. 525. Hist. Coll. 208. Hall 245. Waurin-II. V. 313.
[4]) Rot. Parl. V. 376.
[5]) Viele Lords hatten ihn unterwegs aufgefordert, H. VI. zu entthronen. Waurin-II. V. 311/12.
[6]) Stow. Ann. 409. W. Worc. 483. Wheth. II. 487. Engl. Chron. 99. Hist. Croyl. 550.

Unwillig hörten die Lords zu, und als er seine Rede geendet hatte, ging die Versammlung sofort auseinander, damit jeder einzelne seinen Standpunkt zu dem Verlangen des Herzogs erwägen könne [1]). Die Aussichten für Heinrich VI. standen nicht eben günstig, denn man fürchtete Yorks Macht und seinen Einfluss auf das niedere Volk. Da kam ein Gegner, den Richard sicherlich nicht bei Verfolgung seiner ehrgeizigen Pläne erwartet hatte: Warwick, der einzige, der die Macht besass, ihm einen Riegel vorzuschieben, trat im letzten Augenblick zwischen seinen Oheim und die ersehnte Königskrone. Er war an jenem Tag nicht im Oberhaus gewesen, und als er von den hochmütigen Worten des Herzogs gehört hatte, da bat er zuerst den Erzbischof von Canterbury zu Richard zu gehen und diesem wegen seiner Handlungsweise Vorstellungen zu machen [2]). Bourchier aber war nicht der Mann, der sich für andere Unannehmlichkeiten auflud, und so musste der Earl selbst den schweren Gang antreten. „Et la", schreibt ein Schilderer der damaligen Vorgänge [3]), „y eut grosses parolles entreulz deux car le comte remonstra au duc comment les seigneurs et le peuple estoient mal contentz contre lui de ce quil voulloit ainsi debontter le roy de la couronne. Entre lesqueles parolles vint le comte de Rotelland frere au comte de la Marche, si dist au comte de Warewic: „Beau cousin, ne vous courouchiez pas, car vous scavez que cest notre droit, davoir la couronne et quelle apartient a monseigneur mon pere qui cy est, et le aura quiconque le voeille veoir. A laquele parolle

---

[1]) Wheth. II. 185.
[2]) Waurin-II. V. 314.
[3]) Waurin-II. V. 314/15. Zu dieser Darstellung vgl. auch Pii II. Comm: neq., enim Varnicius, cuius audacia res acta erat, passurus videbatur eum regno dejici qui rex esset receptus. Nauclerus II. gen. 49 f. 286 berichtet Ähnliches. Dagegen bezieht sich die von vielen Autoren angezogene Stelle: „Regem non est necesse, nobis commendos . . . ." Raynaldus XIX. 1461. nr. 131 natürlich auf Eduard IV., nicht auf Heinrich VI. Aus dem Gesagten ergiebt sich die Unrichtigkeit von Holinsheds Ansicht V. 111.

respondy le comte de la Marche illec present et dist au comte de Rotelland: „Mon frere, ne despitez nulluy, tout se fera bien. Aprez ces parolles dites et que le comte de Warewic eut bien entendu la voullente du duc d'Yore, il se party de la tres mal content sans prendre congie a personne, sinon au comte de la Marche."

Am nächsten Tag, als sein Zorn sich gelegt hatte, sandte er die Bischöfe von Ely und Rochester nebst anderen vornehmen Herren zu Richard, um diesen umzustimmen; die einzige Antwort des Herzogs aber war, er wolle am 13. Oktober gekrönt werden. Er liess auch alle Vorbereitungen zur Feier treffen, bis ihm Thomas Nevil im Namen seines Bruders, der Lords und der Gemeinen Englands erklärte, dass sie Heinrich VI. nicht absetzen würden[1]). Da beugte sich der Herzog vor dem allgemeinen Willen und verschob den Termin der Krönung, die er nie erleben sollte. Warwick aber hatte den Sieg davongetragen, und mit dem Bewustsein des reinen Gewissens verband sich wohl der Gedanke, dass es leichter sein würde, unter Lancaster, als unter York der erste Mann im Staate zu bleiben.

Einem Unbeteiligten mag es allerdings schwer genug gefallen sein, sich im Jahre 1460 für einen der beiden Herrscher zu entscheiden, obgleich das Prioritätsrecht der weissen Rose schlechterdings feststand.

Als Heinrich, Herzog von Hereford, den legitimen Enkel des letzten Königs entthront hatte und das Scepter des zweiten Richard an sich nahm, da hatte er wohl gewusst, dass sein Neffe Mortimer mehr Anspruch auf die Königsgewalt besass. Das war das erste Unrecht des Hauses Lancaster gewesen. Und als der Herzog von York die Krone für sich und seine Erben forderte, da war das Recht wieder nicht auf Seiten Lancasters; denn Heinrich VI. stammte von John of Gaunt ab, Richard aber, wenn auch in weiblicher Linie, von Lionel, einem älteren Bruder Johanns. Mit Fug und Recht jedoch konnte Herzog Richard

---

[1]) Waurin-II. V. 316/17.

das Decret Heinrichs IV. vom Jahre 1406, welches die Descendenz in männlicher Linie anordnete, umstossen, denn die Akte eines Usurpators hatten für den rechtmässigen Prätendenten keine Geltung[1]),

Zu diesen Erwägungen kam die persönliche Unfähigkeit König Heinrichs: ein Fürst, der sich am liebsten mit frommen Übungen beschäftigte, konnte nicht über das englische Volk herrschen zu einer Zeit, wo man einen Helden und einen Weisen zugleich auf dem Throne brauchte.

Aber auch Richard hatte sich verrechnet: mochte er sich schon für einen zweiten Monmouth halten, so durfte er doch nicht vergessen, dass sein Gegner persönlich weit beliebter war, als der letzte Plantagenet. Und konnte man sich denn den eigenen Worten des unglücklichen Monarchen entziehen, wenn er sagte: „Mein Vater und mein Grossvater waren Könige, ich selbst habe die Krone, von der Wiege an, jetzt beinahe 40 Jahre getragen; wie eure Väter meinen Vätern, so habt ihr mir gehuldigt; wie kann mir denn mein Recht abgestritten werden"[2])?

Sechzig Jahre hatten der lancastrischen Herrschaft den Stempel des Gewohnheitsrechtes aufgedrückt, und auch die, welche seit langen Jahren Richard von York gern an der Spitze des Staates gesehen hätten, wurden durch ihr Gewissen und ihre Pietät verhindert, zur Verwirklichung ihrer Hoffnungen beizutragen.

Der Ausweg, den die Lords trafen, war für beide Teile vorteilhaft: Heinrich sollte bis zu seinem Tode König bleiben, Richard mit dem Titel eines Prinzen von Wales, Herzog von Cornwallis und Earls von Chester das Protektorat übernehmen[3]). In feierlichem Zuge schritten die Barone zur Paulskirche, wo der neue Vertrag beschworen wurde; Warwick trug das Schwert, Eduard den Mantel des Königs[4]); die Menge aber rief fortwährend: Lang lebe

---

[1]) Rot. Parl. V. 374 ff.
[2]) Black-man ad calcem Otterbourne ed. Hearne 305 cit. s. Pauli V. 348. Camden, Rem. 289.
[3]) Rot. Parl. V. 377—79. Hist. Coll. 208.
[4]) Hall 249. Fabyan 637. Engl. Chron. 106.

König Heinrich und der Graf Warwick! „Denn der Earl war beliebt beim Volke, weil er es zu behandeln wusste, und im Verkehr mit ihm freundlich und zugänglich war; denn er besass grosse Weltklugheit, wenn er etwas erreichen wollte, und sprach nie von sich selbst, sondern immer von der Vergrösserung und guten Verwaltung des Reiches, für das er gern sein Leben opfern würde; daher kam seine Popularität in England, sodass er im ganzen Reich derjenige war, dem das Volk am meisten Achtung und Vertrauen entgegenbrachte"[1]).

Wenn die Pairs sich so bemüht hatten, beiden Fürsten möglichst zu Willen zu sein, so war doch Margareta und ihr Sohn ausser Acht gelassen worden, und bald sollte man gewahr werden, dass die fremde Frau nicht gesonnen schien, dem Compromiss zwischen dem wirklichen und dem nominellen König zuzusehen.

Gleich nach ihrer Niederlage hatte sie, um Zeit zu neuen Rüstungen zu gewinnen, Roxburgh von den Schotten belagern lassen[2]); da Lord Clifford nichts that, um Jakob von der Stadt abzulenken[3]), musste Fauconberghe eilen, um Ralph Gray noch rechtzeitig Entsatz zu bringen[4]). Derweile zog die Königin alle lancastrisch gesinnten Krieger, die Northampton überlebt hatten, in Harlech, einer Walliser Feste, zusammen; der Reihe nach kamen Northumberland, Ralph Nevil, ein Bruder Westmorelands, Somerset, Exeter, Willonghby, Clifford und Hungerford mit ihren Truppen zur Verstärkung herbei[5]).

Um die Rebellion im Keime zu ersticken, zogen York, Salisbury, Rutland und Warwicks Bruder John nach Norden zu[6]); Eduard von March ging nach Wales, um Truppen auszuheben; Warwick und Norfolk selbst blieben in London

---

[1]) Waurin-II. V. 318/19.
[2]) Chron. Auchinl. 57. Turnbull 244. Scotichron. II. Lib. XVI. 520. Lesley 309. Tytler II. 54, Pinkerton I. 242.
[3]) Er war seit dem 8. IV. 60 Custos Marchiae. Rot. Scot. II. 399.
[4]) Ayloffe, Calendar of Ancient Charters 281. Rot. Scot. II. 392.
[5]) Past. Lett. I. 525. Three F. C. Chron. 76. Hist. Coll. 210.
[6]) W. Worc. 484. Rot. Parl. V. 382.

zurück¹), wo seit Ende Oktober burgundische Gesandte weilten²). Der Herzog verschanzte sich, um seinen Sohn mit den Wallisern zu erwarten, zuerst in Sandall; allein der Mangel an Proviant³) zwang ihn am 30. Dezember einem überlegenen Feinde bei Wakefield gegenüberzutreten, und gegen den Rat seiner Umgebung⁴) führte er sein Heer, ehe Eduard und seine Truppen zu Hülfe eilen konnten, ins Treffen. Vielleicht hoffte er auf einen ähnlichen Verrat, wie bei Northampton; aber die Kühnheit des Kriegers war weniger am Platze, als umsichtige Taktik, und die besass Richard ebensowenig, wie Warwick. Der Ausgang des Kampfes konnte nicht zweifelhaft sein; kaum hatte er begonnen, da wurden auch schon die York'schen von 2 Seiten eingekeilt und umzingelt; in kurzer Zeit lagen 3000 Tote auf dem Schlachtfelde. York, Thomas Nevil und Lord Harrington waren gefallen, dem jungen Rutland versetzte der grausame Clifford den Todesstoss, als er um Gnade flehte; Salisbury aber geriet lebend in die Hände Margaretas⁵). Am nächsten Tag grinsten die Häupter der beiden Anführer von den Thorzinnen Pontrefacts herab⁶), und fast um dieselbe Zeit, da in London der Gesandte des Dauphin eintraf, um dem Protektor die Glückwünsche seines Herrn zu überbringen⁷), schmückte die grausame Königin die Stirn des ehrgeizigen Herzogs mit einer Papierkrone.

So hatte das Schicksal mit einem Schlage die Yorksche Partei ihrer mächtigen Führer beraubt; Richards tapferes Schwert und Salisburys weiser Rat waren auf immer verloren, und die ganze Hoffnung der Fronde beruhte auf

¹) Hall. 250. Engl. Chron. 106. Hist. Coll. 209—10.
²) Rep. of the Dep.-K., 78ᵗʰ, 415. m. 14.
³) Swallow 171.
⁴) Wheth. II. 489. W. Worc. 485.
⁵) Hall 250. Hist. Coll. 210. Fabyan 638. Rot. Parl. V. 466. Hist. Croyl. 550. Warkw. 42. u. Engl. Chron. 106 7. Wheth. II. 489. Three F. C. Chron. 154; 171. Arch. Brit. XXIX. 341 cf. 315.
⁶) Zwischen beiden waren Plätze für Warwick und Eduard freigelassen. Swallow 172.
⁷) Du Fresne VI. 330.

dem einzigen Warwick. Eine grosse Aufgabe war Richard
Nevil zugefallen; aber dieselbe Hand, die einst den künftigen König von England durch die Gefahren des Meeres
zum sicheren Port geleitet hatte, war auch im Stande im
entscheidenden Moment das Steuer des Staates zu lenken.

Viertes Kapitel.

Eduard von March war 19 Jahre alt[1]), als die Kunde
vom Tode seines Vaters in Glocester eintraf. Ein nationales Unglück hatte England eines thatkräftigen und besonnenen Mannes beraubt, um an seine Stelle einen Knaben
zu setzen, der nur für Turniere und Frauen geschaffen
schien. Grosse persönliche Vorzüge, zu denen in erster
Linie auffallende Schönheit[2]), Mut, sowie die normännische
Abstammung[3]) gehörten, vermochten nicht den Hauptzug
seines Charakters, das unerschütterliche Phlegma, die unbegrenzte Sorglosigkeit zu verwischen; wenn er an wohlbesetzter Tafel sass, oder der Reiz einer hübschen Erscheinung ihn fesselte, dann vergass er Reich und Ehre und
Gefahr. Mehr als dem Vater, auf den er in den letzten
Jahren einen grossen Einfluss geübt hatte, ähnelte er der
Mutter, die in den Liedern und Balladen der Yorkisten
die Rose von Raby hiess und im lancastrisch gesinnten
Teil des Volkes „Proud Cis" ihres stolzen Wesens wegen
genannt wurde[4]). Auch sie entging nicht der Verleum-

---

[1]) Cott. Ms. Domit. IX. 83. b.
[2]) Statura procerus, elegans corpore. Hist. Croyl 532. Chastellain
V. 499. Monstrelet XIV. 82, 373. Comines-L. schreibt I. 152. Edoüard
n'estoit point homme de grand ordre, mais fort beau, plus que nul Prince,
que j'aye jamais veu et tres-vallant. cf. I. 156 u. Comines-D. I. 239.
[3]) Seine Anhänger nannten ihn die Rose von Rouen.
[4]) Strickland. II. 328.

dung, wie alle hochstehenden Frauen jener Zeit, und über Eduards Abstammung waren mannigfache Gerüchte verbreitet[1]; wenn seine fürstlichen Vettern von Frankreich und Burgund in heiterer Weinlaune waren, dann spotteten sie mit Vorliebe über den „son of an archer"[2]). Im Jahre 1461 freilich war die Sucht nach schrankenlosem Genuss noch nicht entwickelt genug in Eduard von March, um die hochfliegenden Pläne vergangener Jahre zu ersticken, und Richards Sohn begriff sehr wohl, dass es unausgesetzter Anstrengungen bedürfen würde, um den Tag von Wakefield zu überwinden und den ungünstigen Eindruck, welchen Yorks Tod hervorgerufen hatte[3]), zu verwischen.

In Warwick hatte das vergossene Blut seiner Verwandten alle Gefühle der alten Loyalität erstickt: wenn er einst Richard entgegengetreten war, als dieser sich der Krone bemächtigen wollte, so war es jetzt nicht mehr zweifelhaft, in wessen Namen er fortan zu regieren beabsichtigte. Margaretas Treubruch hatte die Frage längst entschieden, und Salisburys Tod erheischte Rache; Richard Nevil aber war nicht der Mann, der einem Weib an Ausdauer nachzugeben gesonnen war.

Eben war die Königin in Schottland[4]), wo sich 3 Parteien befehdeten, seitdem Jakob II. vor Roxburgh den Tod gefunden und sein neunjähriger Sohn auf dem Throne sass. Der alte Hochadel hatte französische Interessen und war einem Bündnisse mit Margareta nicht entgegen; die Anhänger der Königin Marie von Geldern, einer Nichte Philipps von Burgund, schienen eher zur Yorkschen Sache zu neigen. Die dritte Partei der Independenten war stark durch Kämpfe und Verbannung geschmolzen, allein wegen ihrer Zugehörigen, welche nichts verlieren und nur gewinnen konnten, um so furchtbarer. Das einzige Mittel,

---

[1]) Wohl ohne Grund; s. Mark Noble in Arch. Brit. XIII. 7—19.
[2]) Strickland II. 328.
[3]) State Pap. I. Nr. 370.
[4]) Exch. Rolls of Scotl. VII. XXXV.
[5]) Turnbull 244. Chron. Auchinl. 57. Tytler II. 54. Lesley 309. Holinshed V. 446.

um an den vielen Klippen dieses Cliquenwesens vorbeizulavieren, hatte Margareta bald ausfindig gemacht; schottische Hilfe konnte leicht erkauft werden, wenn sie Berwick, die englische Grenzfeste, an Schottland abtrat[1]). Es war ihr immer noch nicht aufgefallen, dass weder Somerset noch York sich nach Edinburgh um Unterstützung gewandt hatten; sie begriff nicht, dass der Nationalstolz sich gegen diese Schacherpolitik aufbäumen musste; berechtigte Empfindungen des Engländers blieben ihr stets fremd. Aber das Volk hatte die wahren Beweggründe der Französin längst durchschaut; daher war auch der Versuch, die Londoner durch eine Proklamation nach der Schlacht von Wakefield zu gewinnen, gescheitert[2]). Man wusste wohl in der City, dass der arme König mehr Freiheiten genoss, als unter Suffolks und Somersets Herrschaft[3]), und die milde Behandlung der Feinde schien umsomehr für die Yorkschen zu sprechen, als die Anhänger der Königin grauenhafte Frevelthaten verübt hatten.

Auch bei den fremden Regierungen hatten die schlimmen Nachrichten aus England keine Schwankung in der Politik herbeigeführt; Warwick hatte an Pius II.[4]) und Sforza[5]) voller Vertrauen auf die Zukunft geschrieben, und es ist ein deutlicher Beweis der grossen Meinung, welche fremde Höfe von seinem Können hegten, dass sich schlaue Diplomaten, wie der Italiener Camulio[6]), Coppini[7]), Ludwig von Frankreich und Philipp der Gute[8]) unter so misslichen Umständen nicht von ihm abwandten.

[1]) Waurin-II. V. 355. Du Clercq. III. 121. Lesley 312. Buchanan 372. Leland, Coll. I. II. 499. Exch. Rolls of Scotl. VII. XXXVII. Pinkerton I. 248. Fox. 808. Major 327. Scotichron. II. Lib. XVI. 520.

[2]) Harl. Ms. 543. f. 147 cf. Du Fresne VI. 324. cit. aus Ms. Latin 11892. f. 187. 3

[3]) State Pap. I.

[4]) State Pap. I. Nr. 360.

[5]) Am 11. II. State Pap. I. 362, 363.

[6]) Vaesen I. 340. Du Fresne VI. 330. Camulio war Sforzas Gesandter in Burgund.

[7]) State Pap. I. Nr. 360.

[8]) Am 26. I. wurden die Pässe für eine burgund. Gesandtschaft nach England ausgestellt, Rep. of the Dep.-K., 48th, 447. m. 4.

Der Januar war inzwischen seinem Ende genaht, da verbreitete sich das Gerücht, Jasper Tudor und der Earl von Wiltshire seien im Begriff, Margareta starke Scharen von Wallisern und Iren zuzuführen. Eduard beschloss, diese Vereinigung zu verhindern; in Eilmärschen marschierte er heran, und es kam zu einem Kampfe bei Mortimers Cross, welcher mit einem völligen Siege des jungen Herzogs endigte. Die beiden Earls entkamen, aber Jaspers Vater Owen wurde gefangen und nebst neun anderen Anführern hingerichtet[1]). Das war die erste Rache für Wakefield.

Die Siegesnachricht musste in der Hauptstadt neues Vertrauen zu Warwicks Partei erwecken; aber auch an äusseren Anzeichen, welche eine ihm günstige Zuversicht bekundeten, fehlte es nicht. Am 8. Februar wurde er auf des Königs Befehl zugleich mit Wenlock, Kyriel und Bonville in das Kapitel der Hosenbandritter aufgenommen[2]), und wenige Tage später liess er von dem unglücklichen Heinrich ein Dekret unterzeichnen, welches Eduard die Befugnis ausstellte, neue Truppen gegen Margareta zu werben[3]): der König aber fand nicht den Mut, seinen Namenszug unter einem Schriftstück zu verweigern, das gegen Frau und Kind gerichtet war.

Drohende Nachrichten von dem Anzug eines grossen Heeres waren um dieselbe Zeit in London eingelaufen[4]); bald nahmen sie ein festeres Gepräge an, und Warwick sah sich gezwungen, ohne Eduards Anmarsch abzuwarten, seiner alten Feindin entgegenzutreten. Das Land seufzte unter dem Druck der barbarischen Horden, die alles ohne Unterschied verwüsteten und nicht einmal die Altäre schonten. Am 16. kam die Vorhut der Lancastrier bei Dun-

---

[1]) Hist. Coll. 211. W. Worc. Ann. 486. Engl. Chron. 111. Three F. C. C. 77 W. Worc. Itin. 327—29.
[2]) Beltz. LXVI. cf. Add. Ms. 6298 f. 310.
[3]) Rymer XI. 471.
[4]) Past. Lett. I. 512. II. 3. Hist. Croyl. 532. Three F. C. Chron. 155. W. Worc. 486.

stable[1]) an, und am folgenden Tage standen sich die Armeen fast auf dem gleichen Platze gegenüber, wo vor 6 Jahren York und Somerset um die Suprematie gekämpft hatten. Aber wenn auch der Ort derselbe geblieben, wo Warwick seine ersten Lorbeeren gewonnen hatte, so sollte ihm doch sein altes Glück bei der zweiten Schlacht von St. Albans nicht mehr lächeln; der alte Trolloppe, der diesmal den Oberbefehl führte, war seinem früheren Chef weit in der Kriegskunst überlegen. Zudem war er augenscheinlich besser über Warwicks Stellung orientiert, als dieser über seine; denn es gelang ihm, den Yorkisten in den Rücken zu fallen, ohne dass diese einen Angriff vermuteten. Der erste Sturm ward noch glücklich abgeschlagen; aber bei der zweiten Attacke löste sich der ganze rechte Flügel, und nur mit Mühe gelang es, den König vom Schlachtfelde zu entfernen. Während Heinrich nach Sanbridge, einem Dorfe unweit von St. Alban, gebracht wurde, zog Trolloppe auch den linken Flügel der Feinde in den Kampf; die Südländer jedoch zeigten sich den Norddischen nicht gewachsen, und als man im Centrum die schlimme Lage der Flanken erkannte, stob das Heer in wilder Flucht auseinander. Eilig machten sich die Lancastrier an die Verfolgung, und ein Trupp derselben entdeckte den König, der, nur von einem Ritter begleitet, in Sanbridge auf den Ausgang der Schlacht wartete[2]). Im Triumph wurde er zu Margareta gebracht[3]); allein bei dieser überwog der Rachedurst die Freude über den wiedergefundenen Gatten. Zwei vornehme Männer, Lord Bonville und Sir Thomas Kyriel, mussten sich dem Kriegsgericht stellen, obwohl ihnen Heinrich das Leben versprochen hatte, und die Verhandlung, welche folgte, zeigte, in welchen Principien der Thronerbe Englands von seiner Mutter erzogen wurde:

---

[1]) Hist. Coll. 212.

[2]) Engl. Chron. 107/8. Hist. Coll. 211—14. W. Worc. 486. Three F. C. Chron. 155. State Pap. I. Nr. 370, 374. Leland, Coll. I. II. 498.

[3]) „At St. Albans we lost that puppet of a King", schreibt George Nevil am 7. IV. 61 an Coppini. State Pap. I. Nr. 370.

„La royne le regarda moult fierement" erzählt Bischof Waurin, „jurant la foy quelle devoit au roy que vengance en prenderoit, si fist appeller son filz le prince de Galles pour jugier de quel mort on le feroit morir, et lenfant qui ja estoit introduit vint audevant de la royne sa mere, qui luy demanda: „Beau filz, de quel mort finiront ces deux chevaliers que la veez?" a scavoir messire Thomas Quirel et son filz, et le jeune prince respondy, que len leur trencheroit les testes. A quoy replicqua Messire Thomas disant: „Dieu met en mal au qui ainsi ta aprins ainsi a parler": et tantost aprez on leur trancha les testes[1])".

Lord Berners[2]) und John Nevil wurden gefangen nach York gebracht[3]), und es ist merkwürdig, dass die Königin sich mit den beiden Opfern begnügte und Bourchier und Montagu das Leben schenkte; denn unter den 3000 Gefallenen befand sich mancher Lancastrier von vornehmem Range.

In der Hauptstadt hatte die Siegesnachricht grosse Bestürzung hervorgerufen, und die Behörden beeilten sich Abgesandte an die Königin zu senden, um die Glückwünsche der Londoner Bürgerschaft darzubringen[4]). Wakefield war ein harter Stoss für die Yorkisten gewesen; aber man hatte sich damit zu trösten gesucht, dass Warwick nicht dabei gewesen war; jetzt war auch dieser unbesiegbar scheinende Heros gedemütigt, und damit das Vertrauen auf seinen Erfolg stark erschüttert. Die Herzogin von York hatte auf Warwicks Geheiss ihre Söhne George und Richard nach Burgund geschickt[5]); Coppini, der mittlerweile naturalisiert und englischer Bischof[6]) geworden war, hielt es für angemessen, seine gesammelten Schätze in Sicherheit zu bringen,

---

[1]) Waurin V. 330. Die Szene ist nicht unwahrscheinlich; Eduard war ein äusserst begabtes Kind, wie seine Briefe beweisen.
[2]) Thomas Bourchiers Bruder.
[3]) State Pap. I. Nr. 370.
[4]) Hall 253. Fragm. 284.
[5]) Fragm. 284. Monstrelet XIV. 113. State Pap. I. Nr. 373, 375.
[6]) State Pap. I. Nr. 376. Ellis, Lett. III. I. 88.

und floh ebenfalls an Philipps Hof[1]; täglich erwartete man die Nachricht von Margaretas Anzug. Diese aber hatte den unverzeihlichen Fehler begangen, nach Norden zurückzugehen; anstatt ihren Sieg zu benutzen und nach London zu eilen, schlug sie ein Lager bei Dunstable auf[2], und bald vernahm man wieder von neuen Greuelthaten der lancastrischen Söldnerscharen[3]. Sehr richtig bemerkt ein kluger Mann, welcher um diese Zeit in London war: „Et hoc fuit destructio regis Henrici et reginae suae. Nam si venissent cum exercitu suo Londiniam, omnia habuissent ad eorum libitum[4]".

In Chippington hatten sich Warwick und Eduard getroffen[5], und der Earl, der erkannte, dass sich jetzt oder nie die Lebensfähigkeit seiner Partei zeigen musste, gab dem Herzog den Rat, sich sofort Londons zu versichern[6]. Nun sollte es sich zeigen, dass die zweite Schlacht von St. Alban, obwohl gewonnen, Heinrich Reich und Krone kosten musste. Am 26. Februar zogen die beiden Führer in der Hauptstadt ein, und am 1. März berief George Nevil eine Versammlung nach Clerkenwell, um die Forderungen des neuen Prätendenten zu begründen. Herzog Richard war stets beim Volke beliebt gewesen; als daher der Kanzler an den schmählichen Tod von York und Salisbury erinnerte und die vielen Treulosigkeiten Margaretas erwähnte, zum Schlusse aber Eduard als König vorschlug, da klatschte die Menge Beifall[7]. Zwei Tage später erklärte in Baynards Castle[8] eine Anzahl von Baronen, unter

---

[1]) State Pap. I. Nr. 376.
[2]) Engl. Chron. 109. Hist. Coll. 214. W. Worc. 488. Hall 253. Fragm. 284.
[3]) State Pap. I. Nr. 370.
[4]) W. Worc. 488.
[5]) W. Worc. 488.
[6]) Three F. C. Chron. 77.
[7]) W. Worc. 489. Stow, Survey I. 61. State Pap. I. Nr. 1. 370.
[8]) Dort wohnte Eduard Stow Survey I. 61. Das Schloss war durch Acht Humphreys von Glocester an York gekommen. Wheatley III. 536.

denen sich die Nevilles, Bourchier, Ferrers und Fitzwalter befanden, den Herzog von York zum rechtmässigen Herrscher[1]). Eduard heuchelte anfangs Unfähigkeit für eine so verantwortungsreiche Stellung; aber auf die Bitten Canterburys und Exeters erklärte er sich zuletzt bereit, den Thron Englands zu besteigen. Am 4. März nahm er in der Abtei von Westminster Krone und Scepter, die einst Eduard der Bekenner getragen hatte, an sich; nach langen Jahren des Kampfes und grossen Opfern war die Dynastie York an Lancasters Stelle getreten[2]).

Leicht fanden sich die auswärtigen Höfe mit der neuen Lage der Dinge ab; Philipp und Sforza hatten die Genugthuung, sich nicht in ihren Plänen getäuscht zu sehen, und die Gefahr eines französischen Einfalls war beseitigt[3]), aber auch der Papst schrieb an Warwick: „Es ist nicht nötig, dass du uns den König besonders empfiehlst, weil wir ihn wegen seiner Güte, und besonders wegen seiner gläubigen Ergebenheit wie ein Vater lieben, und wir sind auch gesonnen, nach Kräften für seine Wohlfahrt zu wirken"[4]). Der Einzige, dem der Regierungswechsel nicht die gewünschten Früchte brachte, war der Bischof von Terni. Zwar hatte sein Gönner Warwick nicht vergessen, Pius II. um einen Kardinalshut für den würdigen Mann zu bitten[5]); allein Aeneas liebte nicht, dass seine Emissäre auf eigene Faust Politik trieben. Im lateranischen Conclave wurden die merkwürdigen Schicksale von Coppinis Sendung einer lebhaften Erörterung unterzogen: die Fälschung des Mandats, die gestohlenen Summen[6]), die Korrespondenz

---

[1]) Hall 254. Fabyan 639. Wheth. II. 511 2. Waurin-II. V. 350.

[2]) Stow, Survey I. 61. cf. V. 122. State Pap. I. Nr. 370, 371. Hardyng 406. Engl. Chron. 110. Hist. Coll. 215. Rym. XI. 473.

[3]) Du Fresne VI. 328.

[4]) Raynaldus XIX. 10. III. 1461. Nr. 134; Pius gratulierte Eduard IV. zur Wahl. Cott. Ms. Domit. IX. 83. b.

[5]) Coppinis Stellung zum Vatikan war die ganze Zeit über misslich gewesen; in einem Brief vom 23. IV. 61 an Gorge Nevil erbittet er seine und Warwicks Unterstützung bei Pius. State Pap. I. Nr. 376.

[6]) Pii Com. 89.

mit dem gefährlichen Mailänder Herzog[1]) kamen zur Sprache, und statt des erhofften roten Hutes erhielt der Kirchenfürst die strenge Weisung in einem Benediktinerkloster den Rest seines Lebens unter bussfertigen Übungen zu verbringen[2]).

In ganz Süd- und Mittelengland wurde die willkürliche Wahl, welche einige Lords als Vertreter der Nation vollzogen hatten, im Rahmen einer gesetzlichen Restauration betrachtet; es galt nur noch im Felde den Sieg über Margareta zu erringen: politisch und sozial war das Haus Lancaster tot. An Heinrich lag die Schuld des schnellen Verfalles in des Volkes Augen nicht; der fromme und gütige Monarch, dem einst Papst Eugen die Tugendrose gesandt hatte[3]), wäre in friedlichen Zeiten ein guter und gerechter Herrscher gewesen; sein Interesse für Schulen und Klöster hätte dem Lande unsagbaren Nutzen gebracht; während seiner langen Regierungszeit hätte er die zerrütteten Finanzen wieder ordnen können; so aber hatte ihn das Schicksal zwischen eine Frau und einen Mann gestellt, die beide von gleicher Zähigkeit des Charakters, gleicher Herrschsucht und gleichem Rachedurst beseelt, einander aufreiben mussten, bis zum Schlusse die diplomatische Kunst des Mannes über die unkluge Momentpolitik des Weibes den Sieg davontrug.

Lange hielt sich der neue König in London nicht auf. Das Cabinet war seit Northampton yorkisch geblieben, daher brachte die veränderte Regierung keinen Ministerwechsel mit sich, ausser dem Umstand, dass Sir John Fortescue das Justizdepartement aufgab, welches Markham übernahm[4]).

Am 16. März 1461 brachen Eduard und Warwick auf, über Cambridge und Pontrefact eilten sie Margaretas Heer entgegen[5]). Am 28. kam es bei Ferrybridge zum Gefecht;

---

[1]) State Pap. I. Nr. 365, 377, 379, 380, 382.
[2]) Pii Comm. 277/78.
[3]) Keunet-White I. 397.
[4]) Campbell I. 143.
[5]) Hist. Croyl. 532. Chron. White Rose 9; Fragm. 286.

die Vorhut der Königin wurde durch ein geschicktes Manöver Fauconberghes, der Lord Clifford in die Flanke fiel, zurückgeworfen; aber teuer war dieser Vorteil erkauft worden; denn Lord Fitzwalter hatte bei der Verfolgung den Tod gefunden und Warwick war am Bein verletzt worden. Auch die Feinde hatten den Verlust zweier Führer, Cliffords und Westmorelands Bruder, eines alten Gegners der Nevils, zu beklagen[1]).

Am nächsten Morgen läuteten die Kirchenglocken zum Palmsonntag, und Heinrich hätte gern die Feindseligkeiten des Festes wegen eingestellt[2]). Allein die Ungeduld der Königin siegte über seine religiösen Bedenken. In der Ebene zwischen Ferrybridge und Tadcaster stellten sich die Armeen auf; der linke Flügel der Yorkisten stand auf der Landstrasse zwischen Towton und Saxton, der rechte reichte von Tadcaster nach Scarthingwell. Die Anzahl der Truppen, welche bei Towton fochten, überstieg alle bisherigen Contingente um ein Beträchtliches, und es erscheint seltsam, dass dieselbe Nation, die nicht 5000 Mann aufstellen konnte, um die Normandie wiederzugewinnen, mehr denn die 10fache Anzahl unter Waffen hatte, als Nord und Süd sich miteinander im Bürgerkrieg massen[3].

Nicht allein aber durch die Zahl der Kämpfer, sondern auch durch die Erbitterung und Hartnäckigkeit, mit der gefochten wurde, unterschied sich die Schlacht bei Towton von den bisherigen Zusammentreffen; während seit dem ersten Treffen bei St. Alban die einzelnen Gefechte zwischen der roten und weissen Rose durch Verrat und Überrumpelung oder durch kurzen Angriff und schnelle Flucht entschieden worden waren, stritt jetzt Mann gegen Mann

---

[1]) Hist. Coll. 216. W. Worc. 489. Hall. 235.
[2]) Pol. Vergil 110.
[3]) Was diese Menge zu einer Zeit, wo einige Tausende eine Armee bildeten, bedeuten sollte, lässt sich leicht vorstellen. Ramsay II. 278 bestreitet, dass auf dem Terrain, wo die Schlacht stattfand, mehr denn 5000 Mann auf jeder Seite stehen konnten; dem widersprechen aber alle Angaben, zumal State Pap. I. Nr. 370, 71, 72, 74, 77. cf. Swallow 178.

um jede Scholle englischen Bodens. Am Anfange des Kampfes waren Eduards Leute infolge der Schwierigkeiten des Terrains sichtlich im Nachteil; aber bald wandte sich das Blatt, und wie um die Schlappe des 17. Februar wieder auszuwetzen, drängten die Männer von Sussex und Kent die Nordischen Schritt für Schritt zurück. Ein heftiger Schneesturm blies den Lancastriern entgegen und hinderte sie beim Zielen; aber auch die Pfeile der Südländer waren bald verschossen, und beide Parteien griffen nun zum Schwerte. Im Gebrauche der Handwaffen hatten Margaretas Truppen nicht die gleiche Gewandtheit, wie Eduards Scharen, und als nach langem Massenkampf Sir John Howard neue Bataillone vorführte, da war das Schicksal der letzten grossen lancastrischen Armee entschieden. Von Sonnenaufgang bis 10 Uhr Abends hatte dieses tournierartige Gefecht gedauert; Warwick, der sein Pferd getötet hatte, um zu siegen oder zu fallen, war als Führer und Soldat in gleicher Weise tüchtig gewesen; aber die Siegespalme gebührte unstreitig Eduard von York, der an persönlichem Mut den gemeinen Soldaten und an Kriegskunst den erfahrenen General in Schatten gestellt hatte[1]. Mit Recht sang der Verfasser eines Lobliedes auf den König:

The northern men made her bost, whan thei had done
that dede,
„We wol dwelle in the southe cuntrey and take al that
we nede;
There wifes and hur daughters oure purpose shal thei
spede" —
Than seid the Rose of Rone, „nay; that werk shal I forbede[2]".

Sogar die Hoffnung auf eine leichte Flucht war den Lancastriern genommen worden; Eduard hatte die Weisung

---

[1] Über die Schlacht bei Towton s. W. Worc. 489. Hardyng 406. Hist. Coll. 217. Past. Lett. II. 5. Hall 256. Three F. C. Chron. 77. State Pap. I. Nr. 370—77. Monstrelet XIV. 109. Swallow 176. Waurin-II. V. 341.

[2] Arch. Brit. XXIX. 345 aus Ms. Trin. Coll. Dubl. D. 4. 18.

erteilt keinen Pardon zu geben, und die Verfolgung durch seine Leute dauerte die ganze Nacht hindurch. Eine grosse Anzahl ertrank bei Tadcaster, und die Berechnung der Herolde ergab 28000 Tote[1]), ohne die zu zählen, welche ihr Grab in den Wellen gefunden hatten.

Das Königspaar war mit Exeter, Somerset, Lord de Roos und Fortescue nach Newcastle entkommen[2]), und die Nachricht ihrer Gefangennahme, die Eduard seiner Mutter sandte[3]), sollte sich nicht bewahrheiten: aber Trolloppe, der Verräter von Ludlow und der Herzog von Northumberland lagen unter dem Haufen der Leichen, welche das Schlachtfeld bedeckten[4]).

Am 30. März kamen der König und der Earl in York an; sie fanden die Wälle unbesetzt und Montagu und Bourchier noch am Leben[5]); aber ein schauerlicher Anblick bot sich ihnen, als sie durch die Strassen ritten: von einer Mauerzinne grinsten noch immer die Häupter Yorks, Rutlands und Salisburys herab. Da liess der Fürst sie herunternehmen und an ihre Stelle die Köpfe der Grafen von Devon- und Wiltshire heften[7]); York und seine Anhänger wurden am nächsten Tag feierlich bestattet.

Bis zum 16. April blieben Eduard und Warwick in der Hauptstadt des Nordens; dann trennten sie sich in Durham; der Monarch ging südwärts, während Richard und Fauconberghe nach Northumbria aufbrachen, um die versprengten Lancastrier von dort zu verdrängen[8]).

---

[1]) State Pap. I. Nr. 370, 71, 74, 77. Swallow 178. Ramsay hat offenbar den ersten Band der State Papers infolge des Fehlers im Catalog vom British Museum, der statt 1209—1509 1502 1509 angiebt, nicht benutzt; aus der Correspondenz von Nevil und Coppini ergiebt sich jedoch die Unrichtigkeit seiner Ansicht.
[2]) State Pap. I. Nr. 370, 371, 374, 375.
[3]) State Pap. I. Nr. 370, 372.
[4]) Sie hatten die Vorhut geführt. Hall. 256.
[5]) State Pap. I. Nr. 370.
[6]) Hardyng 407. Past. Lett. II. 7.
[7]) Harl. Ms. 48 f, 78 ff.
[8]) Oman 129 30.

Philipp der Gute und Maximilian Sforza[1]) beeilten sich dem siegreichen Herrscher ihre Freude über den Tag von Towton auszudrücken; ja der Herzog von Burgund und sein listiger Gast suchten sogar den englischen König und seinen Ratgeber zu einem Einfall nach Frankreich zu veranlassen; „so lange es gegen Karl VII. ging, waren den beiden alle Mittel recht; sie hätten auch vor einer Gebietsabtretung nicht zurückgeschreckt"[2]). Deutlich merkt man Camulios Freude über die Pläne des burgundischen Hofes in dem Bericht, den er seinem Herrn am 28. Juli schickt[3]), aber der beabsichtigte Feldzug kam nicht zu Stande: am Abend des 27. Juli 1461 war König Karl verschieden[4]), nachdem er lange genug gelebt hatte, um seine Pläne inbezug auf England und Italien scheitern zu sehen, und als sein Nachfolger bestieg den französischen Thron der elfte Ludwig, wohl der gewandteste und skrupelloseste Politiker jener Zeit, zugleich ein Freund Richard Nevils aus den Tagen von Alençons Verschwörung[5]). Die mächtigsten Reiche Europas waren für den Augenblick der roten Rose gewonnen; Eduards Schwert hatte die Lancasters aus dem Lande gedrängt: jetzt musste Warwicks Staatskunst dafür sorgen, dass sein königlicher Herr den Sieg in Ruhe geniessen konnte.

---

[1]) State Pap. I. Nr. 381.
[2]) Du Fresne VI. 337 u. 38.
[3]) Du Fresne VI. 337.
[4]) Er litt am Verfolgungswahn und bildete sich ein, der Dauphin wolle ihn vergiften. Taillandier II. 74. Monstrelet XIV. 127 cf. XI. 362. Du Fresne VI. 338.
[5]) Valet de Viriville III. 360.

Fünftes Kapitel.

Heinrich VI., Margareta und Prinz Eduard hatten sich von Newcastle aus nach Schottland gewandt, und Marie von Geldern, Jakobs II. mutige und energische Witwe, vermochte es nicht, der flüchtigen Herrscherfamilie ein Obdach in ihrem Reich zu verweigern[1]). Auch die Einwohner von Edinburgh empfingen den entthronten Monarchen aufs Beste und mit mehr Achtung vor gefallener Grösse, als dieser von der Heimat her gewohnt war[2]). Von den Zinnen Berwicks wehte das Banner der Stuarts[3]) herab, und ein weiterer Punkt des schottisch-lancastrischen Bündnisses, die Verlobung Eduards mit einer Schwester des jungen Königs, wurde in Bälde erwartet[4]). Aber Philipp von Burgund gab seinem Geschäftsträger die Weisung, den geplanten Bund zu verhindern[5]), und seine Nichte sah sich gezwungen, Margareta auf spätere Zeit zu vertrösten. Immerhin hatte die englische Königin es durchgesetzt, dass ihr ein Teil der schottischen Streitkräfte zur Verfügung gestellt wurde, und während Exeter am Anfange des Juni Carlisle belagerte, erschien Heinrich selbst mit einem Heer vor Durham[6]). Allein Montagu stand mit einer ansehnlichen Macht im Norden; er entsetzte Carlisle und zwang die schottischen Truppen zum Rückzuge, so dass sie sich am Ende des Monats wieder auf den Besitz von Berwick beschränkt sahen.

Inzwischen war Eduard von York in London gekrönt

---

[1]) Pinkerton I. 248.
[2]) Exch. Rolls of Scotl. VII. XXXVII.
[3]) Hall 256. Leland, Coll. I. II. 499. Lesley 312.
[4]) Chron. Auchinl. 58. Buchanan 372. Boethius XIX. 385. Tytler II. 57. Pinkerton I. 248. Du Fresne VI. 337.
[5]) Auch Louis, damals noch Dauphin, riet Marie ab. Du Fresne VI. 337. cit. Arch. du Nord. B. 2010 f. 181 V°.
[6]) Past. Lett. II. 13. Rot. Parl. V. 478.

worden¹), und die Feste, welche man zu Ehren des neuen Herrschers gab, brachten, seinen Anhängern Titel und Würden in grosser Zahl. Die Brüder des Königs²) wurden Herzöge, George von Clarence, Richard von Glocester³); Bourchiers Bruder erhielt die Grafschaft Essex, Warwicks Onkel, der tapfere Fauconberghe, Kent⁴). Alle Ämter, welche Richard Nevil je innegehabt, wurden ihm wiedergegeben, und zu dem Besitze von Calais, Risbank und der Cinque Ports gesellten sich die Titel des Oberkämmerers und Grossfalkoniers von England⁵). Sir John Wenlock, einer seiner eifrigsten Anhänger, wurde in den Freiherrenstand erhoben, und sein Bruder Montagu erhielt ein einflussreiches Hofamt⁶). Die Geistlichkeit, die unter Nevils und Bourchiers Einfluss stand, schien wenig Sympathien mehr für das alte Königshaus bewahrt zu haben; offenbar schien die neue Dynastie kirchliche Reformen zu begünstigen⁷), und eine Reihe von Privilegien, welche dem Klerus bewilligt wurden, machte diesen so gefügig, dass er sogar beschloss, die Kosten der Krönung durch einen Zehnten zu decken⁹). Auch das Volk, dessen Liebling Warwick von jeher gewesen, jubelte dem jungen von ihm einge-

---

¹) Am 28. Juni. Three F. C. Chron. 162. Past. Lett. II. 15, 18. Fabyan 640. Hist. Coll. 218.

²) Sie waren von Burgund zurückgekehrt, ohne dass einer von ihnen sich, wie geplant war, mit einer Tochter Charolois verlobt hatte. State Pap. I. Nr. 373.

³) Warkw. 1. Three F. C. Chron. 78, 162. Issue Rolls, Easter 2, Ed. IV. m. 3.

⁴) Lords Report App. IV. 956 cf. Nicolas, Historic Peerage.

⁵) W. war Oberkämmerer am 20. I. 61 geworden; am 7. V. 61 wurde er Constable of Dover Castle and Warden of the Cinque Ports, Captain of the town and castle of Calais and the tower of Risbanck Lieutenant of the Marches of Picardy, Grossfalkonier, Steward of Manor and the Lordship of Feckenham and Master Forester and Rider of Feckenham Forest. Doyle III. 587. Pat. 2 m. 20.

⁶) Lords Rep. App. IV. 956.

⁷) Hist. Croyl. 539. Die Mönche von Croyland waren seit 1460 yorkisch. cf. Hook V. 340.

⁸) Rym. XI. 493–95. Wilkins III. 583.

⁹) Wake, 373.

setzten König zu, der es so gut verstand, sich die Männer
durch die Herzen der Frauen zu gewinnen, und Eduard,
der seine Regierung unter dem Fluch des halben Adels
von England, in Trauer um Vater und Bruder, und mit
einem höchst geringen Staatsschatze angetreten hatte, sass
jetzt auf dem Throne Englands mit der Miene eines Mannes,
dem soeben zufällig eine reiche Erbschaft zugefallen war.
So lange Schwierigkeiten zu überwinden gewesen, schien
seine Energie nicht erschlaffen zu können; kaum aber trug
er die Krone auf dem Haupt, da erlahmte seine Thatkraft;
während Warwick und Montagu die Regierungsgeschäfte
besorgten, und sein fürstlicher Namensvetter in der Fremde
umherirrte, benutzte er die Arbeitskraft der einen und das
unglückliche Geschick des anderen, um sich in der Hauptstadt ungestört den Vergnügungen hingeben zu können.

Am 4. November trat das erste Parlament der Yorks
in Westminster zusammen[1]); von den Mitgliedern des Oberhauses, welche in den letzten Jahren für Margareta gestritten hatten, waren nur 4 anwesend[2]). Der Kanzler
hielt eine salbungsvolle Eröffnungspredigt, zu deren Text
er die Worte aus Jeremias VII, 3 nahm; dann ging man
zur Tagesordnung über. Eduard wurde als König bestätigt; die 3 Heinriche für Usurpatoren erklärt; ihre Regierungsakte, sowie die Parlamentsschlüsse der letzten
60 Jahre wurden als ungültig umgestossen, und den Nachkommen des vierten Heinrich alle Anrechte auf den Thron
abgesprochen[3]). Um jedoch allzugrosse Besitzverschiebungen
und Streitigkeiten zu vermeiden, beschloss man, dass alle
Verfügungen unpolitischer Natur zu Recht bestehen sollten[4]). Der König selbst behielt sich vor, für die Witwen
der Herzöge von Buckingham, Somerset, Bedford, Suffolk
und Norfolk zu sorgen; auch andere Mitglieder der früheren
Hofpartei wurden durch besondere Gnadenakte für die Zu-

---

[1]) Rot. Parl. V. 461.
[2]) Lords Rep. IV. 932; 951. Stubbs III. 194.
[3]) Rot. Parl. V. 462—67.
[4]) Rot. Parl. V. 491. Statutes II. 380.

kunft sichergestellt[1]). Einen grossen Fehler jedoch beging
der König dadurch, dass er den Vertrag, welchen die
Kaufmannschaft von Calais mit der vorigen Regierung geschlossen
hatte, nicht ratificierte[2]), und diese Kleinlichkeit
der Gesinnung musste befremdend wirken, wo nationale
Interessen im Spiele waren. Nachdem Sir James Strangways,
der Sprecher des Unterhauses, durch eine huldvolle
Rede des Monarchen entlassen worden war, sandten die
Gemeinen den Lords eine Proscriptionsliste mit den Namen
geächteter Lancastrier, unter denen sich die Familie des
Königs, Somerset, Exeter, Pembroke und Beaumont, Roos,
Hungerford, Rougemont, sowie die berühmten Juristen
Fortescue und Morton befanden[3]). Auch mit den Toten
beschäftigte sich das Parlament[4]): man nahm die Acht von
York und Salisbury und verhängte sie über die gefallenen
Lancastrier, das eine aus Pietät, das andere, um etwaige
spätere Erbansprüche zu verhindern[5]). Am 21. Dezember
dankte der Monarch den Abgeordneten für den Ausdruck
ihrer loyalen Gesinnung; er versprach ein guter Fürst zu
sein und nach Kräften für die Wohlfahrt des Landes zu
sorgen; dann vertagte er die Häuser auf den 6. Mai 1462[6]).
Auch Warwick war inzwischen nicht müssig gewesen, und
er hatte bald herausgefunden, dass seine grosse Gegnerin
in der Verbannung ebenso gefährlich, wie einst auf dem
Throne war. Was Margareta vergebens durch schottische
Hülfe zu erreichen gesucht, das erhoffte sie nach Carlisles
Entsetzung durch ein Bündnis mit Frankreich[7]), und es
besteht kein Zweifel, dass wenn Karl VII. länger gelebt

---

[1]) Rot. Parl. V. 467—75. Statutes II. 381—91.
[2]) Rot. Parl. V. 491.
[3]) Rot. Parl. V. 478—86. W. Worc. 490—92 zählt 153 Personen auf.
[4]) Rot. Parl. V. 486.
[5]) Z. B. wurde Lord Despensers Acht aufgehoben, damit Warwick seine Güter erhalten konnte; andererseits wurden Personen, die am Anfang des Jahrhunderts gestorben waren, geächtet.
[6]) Rot. Parl. V. 487.
[7]) Halliwell, Lett. I. 123.

hätte, 2000 Mann französischer Truppen der vertriebenen Königin zu Hilfe gesandt worden wären[1]. Seine Agenten in Edinburgh hatten viel zu dem freundlichen Empfange Heinrichs in Schottland beigetragen[2]; Anfang Juli waren Somerset und Hungerford nach der Normandie gesegelt, um die Hülfstruppen, die nach den letzten Nachrichten schon bereit standen, einzuschiffen; aber bei ihrer Landung erfuhren die beiden Männer, dass soeben in Rheims ein neuer König gekrönt worden war. Ludwig XI. war zu lange ein Gast des burgundischen Herzogs gewesen, um die anti-yorkische Politik seines Vaters weitertreiben zu können; aber im Geheimen sann er darüber nach, wie er Eduard und Warwick im eigenen Lande beschäftigt halten konnte[3]. So liess er denn zum Schein die 2 Edelleute festnehmen[4]; aber nach kurzer Zeit gab er sie wieder frei und schickte sie nach Schottland mit schönen Versprechungen an seine fürstlichen Verwandten zurück[5].

Die englische Regierung war genau von allen Vorgängen auf dem Continent unterrichtet; allein man hatte vorläufig zu viel mit dem Norden und Schottland zu thun, um sich mit dem Gesinnungswechsel Ludwigs zu beschäftigen. Im August war Warwick in Yorkshire gewesen[6], um dort die Pflichten zu erfüllen, welche ihm seine Ernennung zum Commandeur der Ost- und Westmark[7] auferlegte; dann hatte er die Rekrutenaushebungen in den Grafschaften Worcester, Hereford, Glocester, Somerset, Devon, Dorset, Wiltshire geleitet[8], bis ihn die schottischen Wirren wieder zu neuer Arbeit riefen. Die Frage einer Regentschaft und die englischen Verhältnisse hatten in dem Nachbarland die Gemüter so lange erregt, bis die Parteien

---
[1] State Pap. I. Nr. 384.
[2] Waurin II. V. 355.
[3] Creighton II. 461. Pii II. Comm. 221.
[4] Martin VI. 522.
[5] Chastellain IV. 64. Du Clercq. III. 196. IV. 2.
[6] State Pap. I. Nr. 384.
[7] Doyle III. 587. Rot. Scot. 402. m. 24; am 31. VII. 61.
[8] Doyle III. 587. Rot. Pat. p. 3. m. 15.

zu den Waffen griffen[1]), Warwick, der ausserordentliche Vollmacht erhalten hatte[2]), konnte auf die Independenten und wohl auch auf die Königin und ihren Anhang zählen; allein die Übergabe Berwicks war schwer in die Wagschale zu Gunsten Lancasters gefallen. Zudem begnügte sich Margareta nicht mit der Abtretung der einen Festung; sie versprach im Falle des Erfolges an die Regierung Carlisle abzutreten[3]), und ein Vertrag wurde zwischen dem Earl of Angus und Heinrich abgeschlossen, indem der erstere, unbeschadet seiner Pflichten gegen die Heimat, dem König seine Dienste gegen eine Entschädigung durch die Grafschaft Northumberland anbot[4]). Eduard war von den Absichten seiner Gegner gut unterrichtet[5]), und er beschloss durch Gegenminen aller Art den Vertrag illusorisch zu machen. Zuerst wandte er sich an den jungen König mit der Anfrage, ob seine Gäste schottische Unterthanen geworden seien, oder ob er gesonnen wäre, dieselben auszuliefern[6]); aber die Königin-Witwe hüllte sich in Schweigen. Willigeres Gehör fand der englische Monarch bei einem Teil des Hochadels, und es war Warwicks Aufgabe, sich mit den einzelnen Grossen ins Einvernehmen zu setzen. John of Hay, Lord of the Isles und Earl of Ross, versprach Angus im schottischen Parlament zu opponieren[7]), und der Bischof von Aberdeen kam nach England, um weitere Massregeln zu besprechen[8]). So wurde vorläufig die lancastrisch gesinnte Partei in Schach gehalten, und kurze Zeit darauf erfolgte die Erklärung eines Waffenstillstandes[9]). Aber schon hatte die Königin wieder Gelegenheit gefunden, die englische Regierung an anderer Stelle

---

[1]) Chron. Auchinl. 58 ff.
[2]) Rot. Scot. II. 402. m. 24.
[3]) Rot. Parl. V. 478. Tytler II. 60. cf. Haliwell, Lett. I. 127.
[4]) Hume II. 21.
[5]) Haliwell, Lett. I. 123.
[6]) Haliwell, Lett. I. 125.
[7]) Rot. Scot. II. 402; am 2. VI. 61.
[8]) Rot. Scot. II. 403; am 2. VIII. 61.
[9]) Boethius XIX. App. 385.

zu beschäftigen. Warwick war seit kurzem mit der Aufgabe betraut worden, Yorks Mörder ausfindig zu machen[1]; ehe er jedoch Zeit fand, sich mit den alten Feinden zu befassen, wurde seine Aufmerksamkeit auf eine neue Verschwörung in Essex gelenkt. Am 12. Februar 1462 gelang es John de Vere, Earl of Oxford, seinen Sohn und vier andere Edelleute zu verhaften; bis auf einen büssten sie alle ihr Vergehen mit dem Tode[2]). Der Hochverratsprocess hatte kaum geendet, da wurden Gerüchte von einem französischen Einfalle laut. Warwick eilte an die Westküste[3]), während der König nach Ost-Angeln ging, um Ausschau nach einer feindlichen Flotte zu halten; aber der Kriegslärm war unbegründet gewesen[4]), und Eduard zog sich nach Leicester zurück, während Warwick sich nach Dumfries begab, wo ihn Marie von Geldern in Audienz empfing[5]). Es ist nicht unmöglich, dass der gewandte Hofmann schon damals die Idee einer Heirat zwischen seinem Herrn und der schottischen Königin berührte; jedenfalls wurde die Frage bei einer zweiten Zusammenkunft in Carlisle erwogen[6]), wohin Marie den Earl berufen hatte, um seine Hülfe gegen den Führer der Independenten, Douglas, in Anspruch zu nehmen[7]).

Inzwischen war Margareta nach Frankreich hinübergefahren[8]); froh, den unbequemen Gast los zu werden, hatte ihr die Königin 6000 Mark für die Reisekosten mitgegeben, und die unbeugsame Frau suchte, unzufrieden über den Ausgang von Somersets Sendung, durch die Macht ihrer Persönlichkeit neue Freunde zu werben. Am 16. April war sie in der Bretagne gelandet, und Herzog

---

[1] Lansd. Ms. 511 f. 17. Rot. Parl. 1 E. IV. p. 2 m. 1.
[2] Fabyan 652. Chron. White Rose 11. Three F. C. Chron. 78; 162; 175.
[3] Rymer XI. 488.
[4] Past. Lett. II. 91—94. Three F. C. C. 175.
[5] W. Worc. 493.
[6] Tytler II. 62. Buchanan 373.
[7] Past. Lett. II. 103, 110. Waurin-D. III. 167. Three F. C. C. 159.
[8] Am 8. IV.; Swallow 179. P. Lett. II. 111.

Franz, der in beständiger Furcht vor einem englischen Einfall lebte[1]), hatte ihr eine beträchtliche Summe überwiesen; dann eilte sie der Touraine zu, wo Ludwig XI. weilte. Der französische König war, vielleicht zum ersten Mal in seinem Leben, in Verlegenheit; unschlüssig über das, was er thun solle, bat er um den Rat des Admirals Montauban[2]).

Es war klar, dass ein Sohn Bona Viscontis sich für die Feindin Ludovico Sforzas verwenden würde; Margareta wurde mit aller Ehrerbietung aufgenommen[3]) und fand bei ihrem königlichen Vetter[4]) williges Gehör. Dem alten Prinzip getreu, verkaufte sie ihm die Stadt Calais für 20000 Pfd.[5]), und Ludwig unterzeichnete einen Vertrag, in dem Heinrich als rechtmässiger Herrscher und Eduard als Usurpator bezeichnet wurde; ja er erklärte sogar England den Krieg und rief ein Heer gegen Calais auf[6]). Indess — wenn es dem grossen Heuchler wirklich mit seinen Rüstungen Ernst war, Philipp von Burgund durchkreuzte sie, indem er seinem Oberlehnsherrn gegenüber Yorks Sache vertrat[7]); mit zwei Mächten aber konnte sich Ludwig nicht gut verfeinden. Trotzdem hielt er sein Versprechen; wenn er auch nicht Margaretas Unternehmen mit seinem Namen sanctionierte, so verschaffte er ihr doch eine kleine Truppe und einen grossen Anführer, Pierre de Brézé. Vielleicht der fähigste General Frankreichs und den Anjous treu ergeben, war er seit kurzem bei dem König in Ungnade gefallen; jetzt dachte dieser sich seiner am besten dadurch zu entledigen, dass er ihm die Wahl zwischen lebenslänglichem Gefängnis und einem Feldzug für das Haus Lancaster liess[8]). Dem kriegslustigen Veteranen

---

[1]) Taillandier II. 79/80.
[2]) Vaesen II. 46—49; Montauban war ein Sohn Bona Visconti's.
[3]) Vaesen II. 60—62.
[4]) Pius, Comm. 221/22. Vaesen II. 55.
[5]) Waurin-D. III. 176. Vaesen cit. Arch. Nat. J. 648. No. 2.
[6]) Commines-L. II. 367. Basin II. 48.
[7]) Waurin-D. III. 168. Chastellain IV. 225, 274.
[8]) Chastellain IV. 227. Basin II. 49. Commines-L. II. 373. Waurin-II. V. 131. Holinshed V. 447. Buchanan 373.

fiel die Entscheidung nicht schwer, und er mag sich wohl wie ein Held aus sagenhafter Zeit vorgekommen sein, als er mit Margareta in Boulogne das Schiff bestieg[1]), welches ihn in unübersehbare Gefahren hineintragen sollte.

Mittlerweile waren die an sich spärlichen Reste lancastrischer Herrschaft stark zusammengeschmolzen; Hastings und Montagu hatten zwei der letzten Bollwerke, auf denen die Fahne der Perçies wehte, erobert[2]), und Warwick verhandelte mit der schottischen Regierung um Heinrichs Auslieferung, die Ludwigs Agent bisher noch mit vieler Mühe verhindert hatte[3]).

Als die kleine Flotte, die Lord Fauconberghe auf dem Kanal glücklich entgangen war[4]), an der northumbrischen Küste vor Anker ging[5]), fand Brézé zu seinem Erstaunen, dass Alnwick schon von den Feinden besetzt war. Es gelang ihm jedoch, die Festung zu erobern und Dunstanborough sowie Banborough durch französische Truppen zu verstärken[6]), während Margareta versuchte, den Earl of Angus zu einem Angriff von Schottland aus zu bewegen.

Eduard hatte auf die erste Nachricht von Brézés Landung den Grafen Warwick mit einer Armee nach Norden gesandt[7]); er selbst lag in Durham an den Masern darnieder[8]), und konnte nicht fort. Der Earl schlug sein Hauptquartier in Warkworth auf[9]) und liess die 3 Festungen cernieren, deren Übergabe nur noch eine Frage der Zeit war.

Schon am Weihnachtsabend unterzeichneten Somerset und Ralph Percy die Friedensbedingungen, nach denen die Festen Banborough und Dustanborough Montagu und

---

[1]) Past. Lett. II. 110, 118.
[2]) W. Worc. 493. Fabyan 652. Past. Lett. II. 111.
[3]) Roc. of York. 32. Harl. Ms. 543 f. 148, cit. v. Ramsay II. 291.
[4]) Fauconberghe war seit dem 14. Juli 1462 an Warwicks Stelle Admiral. Arch. Brit. VII. 71. Rymer XI. 490. Rowland 85.
[5]) Buchanan 373. Tytler II. 61. Leland. Coll. I. II. 499.
[6]) Hist. Coll. 218. Fabyan 652. Waurin-II. V. 432.
[7]) Past. Lett. II. 120. W. Worc. 494. Exc. Hist. 365.
[8]) Ramsay II. 293. cit. Ms. Vit. sup. f. 125.
[9]) Ellis I. II. 131. Cott. Charters XVII. 10. Past. Lett. II. 121.

Ralph Grey übergeben werden sollten, während den beiden Commandanten der Besitz ihrer Güter zugesichert wurde[1]). In Alnwick jedoch zeigte Lord Hungerford keine Neigung, mit den Yorkisten in Unterhandlung zu treten, und die Nachricht von der Entsendung schottischer Ersatztruppen bestärkte ihn im Ausharren. Auch der englische König hatte von dem geplanten Einfall Kunde erhalten[2]), so dass die schottisch-französische Armee, die Earl Angus Hungerford zu Hilfe führte, nicht unvermutet vor der Festung eintraf. Warwick[3]) hatte augenscheinlich genaue Weisung erhalten, wenn möglich den Kampf zu vermeiden[4]); er zog sich vor den schottischen Truppen zurück, und diese begnügten sich Hungerford und sein Häuflein Getreuer in Sicherheit zu bringen. Am nächsten Tage waren sie verschwunden, und mit Ausnahme von Harlech, einem Schlosse in Wales, das noch eine Anzahl lancastrischer Geächteter barg, wehte nirgends in England mehr das Banner der roten Rose[5]).

Eduard von York hatte sich gleich nach seiner Genesung nach London begeben, um das Parlament wieder zu eröffnen, und Warwick war ihm gefolgt, da mit dem Abzug von George Angus auch die letzte Spur eines feindlichen Überfalls geschwunden schien. Kaum aber hatte der Earl den Rücken gewandt, so öffnete auch schon Ralph Grey den Schotten die Thore Banboroughs kurz darauf wieder, und diese nahmen Alnwick in Besitz[6]). Gegen

---

[1]) Hist. Coll. 219. W. Worc. 494. Somerset hatte schon früher mit Warwick verhandelt; s. Past. Lett. II. 112/13.
[2]) Halliwell, Lett. I. 130/31
[3]) Er war am 6. XI. 62 zum „Lieutenant of the North" ernannt worden. Doyle III. 587.
[4]) Hume II. 24 lässt W. sagen „They cannot take the Castle with them into Scotland, let them take the men, I shall get the Castle, which is all that my Commission bears".
[5]) W. Worc. 495. Exc. Hist. 365. Three F. C. Chron. 175. Chastellain IV. 278. Hardyng. 407. Hume II. 24. Lesley 313. Buchanan 373.
[6]) Hist. Coll. 219. Fabyan 653. W. Worc. 496. Hardyng 407. Three F. C. Chron. 176.

Verräter im eigenen Heer war jede Diplomatie machtlos; aber die englische Regierung beschloss, sich für die Zukunft vor den Angriffen von Norden her zu sichern. Warwicks Plan ging jetzt auf nichts geringeres, als auf eine Teilung von Jakob III. Reich aus, und eine Anzahl schottischer Edelleute zeigte sich bereit, ihm dabei zu helfen. Ein Vertrag kam zu Stande, nach welchem der Norden dem Earl of Ross, der Süden Douglas gehören sollte; wogegen diese den englischen König als Lehnsherrrn anerkannten[1]), und bald sahen sich die schottischen Regenten von 3 Seiten zugleich angegriffen. John of Hay fand allerdings einen gefährlichen Gegner in George Angus, der wiederum für Heinrich Partei ergriffen hatte[2]); Douglas[3]) aber verwüstete die Grenzdörfer ungestraft[4]), während Warwick versuchte, die Rebellen in Banborough und Alnwick von Norden abzuschneiden und sämtliche Führer in seine Gewalt zu bekommen. Zuerst entsetzte er Norham und zwang die Schotten und Franzosen, über den Tweed zurückzugehen; dann überschritt er selbst die Furt und griff die Feinde, welche Brézé befehligte, an. Mehrere Hunderte, darunter zwei Anführer, wurden gefangen, und nach dem Treffen erfuhr man, dass sich Heinrich und Margareta unter den Flüchtlingen befanden[5]). Die Yorkisten machten sich an die Verfolgung, aber der Krieg sollte ein schnelleres Ende finden, als man allgemein dachte. In Edinburgh war man endlich der vielfachen Versuche müde geworden, das Haus Lancaster wieder in seine Rechte einzusetzen, und die schottische Regierung bot dem Earl einen vorteilhaften Frieden an[6]); zudem waren die Geldmittel Marga-

---

[1]) S. zu den Verhandlungen zwischen England und den schottischen Lords Tytler II. 60. Pinkerton I. 249. Rym. XI. 474, 83, 84, 92. Rot. Scot. II. 405—407.

[2]) Tytler II. 60.

[3]) Douglas war ein besonderer Günstling Eduards; dieser hatte ihn zum Ritter des Hosenbandordens gemacht, und ihm jederzeit zu helfen gesucht. Past. Lett. II. 111. A. 2. Rot. Scot. II. 404.

[4]) Three F. C. Chron. 159.

[5]) Waurin-D. III. 162. Hist. Coll. 220.

[6]) Er kam am 9. XII. 63 in York zu Stande. Rot. Scot. II. 409.

retas erschöpft, und von dem Zuschuss des französischen
Königs, sowie von den 12000 Kronen, die Herzog Franz
geliehen hatte [1]), blieb nichts mehr übrig.

Kurz entschlossen sandte sie den König nach Harlech;
sie selbst, Prinz Eduard, Exeter, Roos, Fortescue, Morton
und Brézé setzten nach Flandern über [2]), um sich auf Gnade
oder Ungnade Herzog Philipp zu ergeben [3]). In der letzten
Zeit hatte die Börse des ritterlichen Normannen dazu gedient, Margaretas Ausgaben zu bestreiten, aber ärmlich
genug hatte die Tochter des gastfreien René von Anjou
leben müssen, und zuweilen hatte ihre Tagesmahlzeit aus
einem Häring bestanden [4]). Das Schicksal wollte es, dass
wenige Jahre später der König, aus dessen Reich die vertriebene Frau floh, in einem ähnlichen Zustande der Dürftigkeit in Flandern anlangte, verfolgt von der Rache des
gleichen Mannes, dem sie ihren Sturz zu danken hatte.

Mit Margaretas Flucht war auch das Zeichen zur Auflösung der Eroberungsliga gegeben [5]), und der Kampf um
Nordengland schien für alle Zeiten beendet zu sein. Warwick fand endlich Zeit, seine Aufmerksamkeit der mangelhaften Gerichtspflege zu widmen [6]), mit deren Besserung
der König ihn und Montagu [7]) betraut hatte, und als das
Jahr 1463 seinem Ende nahte, begab er sich auf seine
Besitzungen, um mit seiner Familie das Weihnachtsfest zu

---

[1]) Pauli V. 364.

[2]) W. Worc. 496. Chast. IV. 279. Ersterer gibt ihr Gefolge auf 200 Personen an.

[3]) Trotz seiner alten Feindschaft gegen René, Monstrelet XIV. 297, nahm sie Philipp gut auf. W. Worc. 497 „qui eis multum habundanter serviebat in pulcro hospitio.

[4]) Lesley 313 erzählt, sie hätten nur von Pferdefleisch gelebt.

[5]) Tytler II. 60; kurz vorher wurde noch Douglas Bruder, Lord Balveny, gefangen und hingerichtet. Three F. C. Chron. 159.

[6]) Er war zusammen mit Montagu 21. XI. 61 zum „Chief Special Commissioner and Justice of Northumberland", und am 12. II. 63 zum Iustice of peace in Durham ernannt worden, Doyle III. 588.

[7]) Montagu hatte am 1. VI. 63 seine Ernennung zum Commandeur der Ostmark erhalten; Warwick befehligte in der Westmark seit demselben Tage. Rot. Scot. II. 407. m. 19.

feiern. Da wurde unvermuteterweise ganz England durch
eine neue Empörung aufgeschreckt: Henry Beaufort war
nach Norden geflohen[1]) und hatte in seiner Grafschaft die
Leute für Margareta zu den Waffen gerufen. Eduard hatte
Somerset wohl milde genug behandelt[2]) und das beste Loos
hatte ihn von allen Lancastriern getroffen; seine Länder
waren ihm zurückgegeben worden; allein Gewissensbisse
und der Spott neidischer Höflinge machten ihm das Dasein
am Hofe des alten Gegners unmöglich, und so entschloss
sich der Herzog noch in letzter Stunde, seine Dienste dem
gesunkenen Königshause zu leihen. Seine Ankunft im
Norden war das Signal zu einem allgemeinen Aufstande;
Jasper von Pembroke trieb die Walliser zur Empörung;
in Cheshire standen mehrere tausend Mann unter Waffen[3]),
die Garnison von Alnwick schlug die Yorkisten zurück;
Skipton wurde erobert, und Norham kam durch Verrat in
die Hände der Feinde[4]).

Zum dritten Male fiel Warwick jetzt die Aufgabe zu,
den Norden zu erobern, und im März traf er auch mit
einem stattlichen Heer in Cheshire ein. Hier wurde der Aufstand leicht gedämpft; schon bei seinem Herannahen streckten die Aufrührer die Waffen. Die Hauptfrage war, ob
die schottische Regierung sich durch das Abkommen vom
December zur Neutralität verpflichtet fühlen würde. Daher
schickte der Earl eine Gesandtschaft nach Edinburgh[5],
und diese fand einen günstigen Empfang; Marie von Geldern, Margaretas treue Freundin, war tot[6]), und die Re-

---

[1]) Monstrelet XIV. 342; in Durham wurde er beinahe im Bette
gefangen. Hist. Coll. 221 n. 23.

[2]) „And the Kynge gaffe hem hys levery and grete rewardys".
Hist. Coll. 219. cf. Pius II, Comm. 222.

[3]) Past. Lett. II. 147, 151. Rot. Parl. V. 499.

[4]) Waurin-D. III. 183. Three F. C. Chron. 178.

[5]) Rymer XI. 514—18; am 5. IV. 64 waren die 3 Nevils zur
Unterhandlung mit Schottland bestimmt worden, nachdem Moneypenny
am 10. III. in England gewesen war; doch scheint George allein nach
Edinburgh gegangen zu sein. Rot. Scot. II. 410/11. m. 15.

[6]) Seit 1. XII. 63. Lesley 314. Boethius XIX. 386 (giebt fälschlich den 16. Nov. an). Tytler II. 62.

genten versprachen, falls man ihnen sicheres Geleit gäbe,
mit Eduard in York persönlich unterhandeln zu wollen[1]).
Während Richard Nevil so die Schwierigkeiten auf diplomatischem Gebiete zu ebnen suchte, war sein Bruder John
unter mancherlei Gefahren an die Grenze gelangt und auf
Somersets Vorhut gestossen. Noch einmal hatten sich die
Kämpfer der letzten Jahre versammelt, um König Heinrich
die Treue zu bewahren: Roos und Hungerford, Ralph Grey
und Percy, Tailboys und Somerset. 5000 Mann standen
auf beiden Seiten, aber das Bewusstsein der letzten verzweifelten That musste den Mut der Lancastrier erhöhen.
Sie fochten wacker gegen die besser ausgerüsteten Truppen
Montagus, bis Percy von einem Pfeil getroffen, zusammenbrach[2]). Da wandten sich die Rebellen zur Flucht, und
Somerset hatte Mühe, die letzten Reste der kleinen Armee
zusammenzuziehen. Am 8. Mai begann der Kampf von
neuem bei dem Städtchen Hexham; aber auch diesmal sollte
Henry Beaufort unterliegen. Gleich bei Beginn des Treffens verliessen ihn die meisten seiner Leute, und die letzten
500, die bei ihm ausharrten, wurden umzingelt und gefangen.

Erbarmungslos strafte Montagu den Aufruhr: überall
wohin er kam, wurde sein Weg mit Blut befleckt. In Hexham war Somerset mit zweien seiner Freunde enthauptet
worden; zwei Tage später fielen Lord Roos und Hungerford bei Newcastle. Am nächsten Morgen liess er bei
Middelham einen Baron und sechs Gutsbesitzer hinrichten
und gleich darauf brachte er 14 Personen von Ray nach
York, wo sie auf dem Schaffot für ihre Treue bluten mussten[3]). Solche Grausamkeit lag im Rahmen der Zeit, und
in London erregten die Nachrichten von John Nevils Rachezug lebhafte Freude. „Lo, so manly a man is this good
Lord Montagu", schreibt ein Chronist jener Tage, „he

---

[1]) Ramsay II. 302 n. 4.
[2]) Hist. Coll. 224. Three F. C. Chron. 156; am 25. IV. 63.
[3]) W. Worc. 498/99. Hall 260. Hist. Coll. 224/26. Three F. C.
Chron. 79, 178. Warkw. 4. Monstrelet XIV. 343.

spared not their malice, not their falseness, nor their treason, but slew many, and took many, and let smite off their heads".

Auch Eduard IV. wusste die Verdienste seines Generals hoch anzuschlagen, denn er ernannte ihn zum Earl von Northumberland und verlieh ihm die Güter des gefallenen Percy[1]). Noch blieben jedoch eine Anzahl von Festungen in den Händen lancastrischer Barone, und um dem langen Kampfe um den Norden einen möglichst feierlichen Abschluss zu geben, machte sich der König selbst auf den Weg nach Skipton. Während er diese Stadt durch seine Artillerie — zum ersten Male in der Geschichte Englands — beschiessen liess, eroberte Warwick der Reihe nach Alnwick, Dustanborough und Norham. Noch ein Zufluchtsort der Lancastrier hatte sich nicht ergeben; das war Banborough, wo der Verräter Ralph Grey und Sir Humphrey Nevil befehligten. Warwick hatte die Beiden durch einen Herold zur Übergabe auffordern lassen; aber diese zogen aus Schuldbewusstsein eine Verteidigung vor. Der Earl wartete, bis Eduards Kanonen von Skipton aus ankamen, dann liess er Banborough beschiessen, und bald konnte er durch eine Bresche in die Stadt eindringen. Humphrey fiel im Kampfe, aber Sir Grey kam lebend in die Hände des Grafen, der ihn zu Eduard nach Doncaster sandte. Das Kriegsgericht, welches dort unter dem Vorsitz des Earl of Worcester zusammentrat, war sich bald über die Strafe einig; John Tiptoft kannte keine Gnade, und Grey hatte jeden Anspruch darauf verloren. Er wurde zum Tod verurteilt, und bald sollte sein Kopf die Zahl derer vermehren, welche von London Bridge auf die Vorübergehenden herab grinsten [2]).

Mit der dritten Eroberung Banboroughs war die endgültige Unterwerfung des Nordens vollendet: Margareta war in Flandern, zur müssigen Betrachtung der Ereignisse

---

[1]) Hall 260. Hist. Coll 227. cf. Doyle, Dugdale etc.
[2]) W. Work. 499. Warkw. 36 Hist. Coll. 227. Rym. XI. 527. Three F. C. Chron. 180.

verurteilt[1]); Somerset, Roos und Hungerford lagen unter der Erde; Jasper Pembroke durchirrte Wales, stets in Gefahr, von den Feinden entdeckt zu werden; Ormond war nach Portugal verschlagen worden[2]). In Gent aber ging der Herzog von Exeter, als Bettler verkleidet, auf den Strassen umher, von Thür zu Thür für sich und Somersets Brüder Brot suchend[3]). Drei volle Jahre waren erforderlich gewesen, um die Herrschaft im eigenen Lande zu behaupten, aber weder die Minister, noch die Generäle waren an der langen Dauer des Krieges schuld gewesen. Ludwig XI., Herzog Franz und Marie von Geldern hatten ihr möglichstes gethan, um der Regierung Schwierigkeiten zu bereiten; und wenn man glaubte, dass die Zeit des Waffenklirrens und der Schlachtenpläne vorbei war, dann fand sich stets wieder ein Verräter, der von neuem die Brandfackel des Krieges in das Land schleuderte. Trotzdem war das Haus York auf der ganzen Linie siegreich gewesen; nicht nur in der inneren, sondern auch in der äusseren Politik, die seit dem Jahre 1461 zumeist in Warwicks Händen gelegen hatte, war man zu einem erfolgreichen Ziele gelangt.

Schottland hatte nach dem Tode Marias und des Earl of Angus[4]) den ewigen Grenzkrieg aufgegeben[5]); mit Dänemark, Castilien[6]) und der Bretagne[7]) waren vorteilhafte Verträge abgeschlossen worden, und Ludwig XI., den gefährlichsten Gegner Englands, hielten Schwierigkeiten im eigenen Staate von einer Einmischung in die englischen

---

[1]) cf. p. 90.
[2]) Arch. Journ. VII. 170.
[3]) Car j'ay veu un duc de Cestre aller à pied sans chausses après le train dudit duc, pourchassant sa vie de maison à maison, sans se nommer. Commines. L. III. 4.
[4]) Exch. Rolls of Scotland VII. pp. liv. 389 cit. v. Ramsay II. 301.
[5]) Am 1. VI. 1464 wurde ein Friede auf 15 Jahre geschlossen. Zu den Verhandlungen s. Rymer XI. 510, 25. Rot. Scot. II. 412. Tytler II. 62.
[6]) Rym. XI. 522, 531.
[7]) Taillandier II. 86. Morice III. 73/74. Rym. 531, 32, 36.

Verhältnisse fern[1]). Schon vor den endgültigen Siegen Montagus hatten Philipp von Burgund und Herzog Franz den französischen König gezwungen, von jeder Offensivstellung abzusehen, und anstatt, dass der listige Monarch Margaretas Obstruktionspläne unterstützen konnte, schien er selbst in steter Furcht vor einem englischen Einfall zu leben[2]). Wohl hatte auf Philipps Veranlassung im Jahre 1463 ein internationaler Congress in St. Omer zwischen den Vertretern der 3 Mächte stattgefunden[3]), und die Idee einer Tripelallianz erweckte soviel Teilnahme in England, dass Eduard selbst seine Gesandten bis Dover geleitete[4]); allein gerade, als die Verhandlungen beginnen sollten, war Margareta in Burgund erschienen, und es verstand sich von selbst, dass die Unruhestifterin zuerst aus dem Lande geschafft werden musste, ehe man sich in ernsthafte Erörterungen einlassen konnte. Philipp war ein ritterlich gesinnter Herr; er vergass seine alte Feindschaft mit René von Anjou[5]) und nahm die unglückliche Königin wider Erwarten auf; nachdem er ihren leeren Beutel wieder gefüllt hatte[6]), sandte er sie über Brügge nach den Besitzungen ihres Vaters, des Schäferkönigs[7]). Dort harrte sie auf einem Schlosse der weiteren Entwicklung der Dinge[8]), während der weise Fortescue den jungen Prinzen in den Pflichten eines Herrschers unterwies. Aber auch nach der Abreise Margaretas von Flandern schritten die Verhandlungen in St. Omer nicht schneller fort; namentlich George Nevil zeigte sich nicht geneigt, in irgend einem Punkte König Ludwigs Bevollmächtigten zu weichen. Erst als Philipp

---

[1]) Franz und Ludwig beschuldigten sich gegenseitig, die Engländer herbeigerufen zu haben; 1464 war der Kanzler von Bretagne, als Dominicaner verkleidet, in England. Taillandier II. 85; auch Philipp stand in gleichem Verdacht. Vaesen II. 81 82.
[2]) Vaesen II. 68; 71—80.
[3]) Chastellain IV. 338 ff.
[4]) Rym XI. 501, 6, 7.
[5]) Monstrelet. XIV, 297.
[6]) Chastellain VI. 279—99.
[7]) Chast. IV. 309—32.
[8]) Ut ibi expectaret eventus mundi. W. Worc. 197.

und sein Oberlehnsherr sich persönlich in Hesdin, wohin auch der englische Kanzler kam, trafen, gelangte man zu einem Übereinkommen; am 8. Oktober wurde ein dauernder Friede zwischen England, Burgund und Frankreich geschlossen[1]), und von jenem Augenblick an verschlechterten sich die Beziehungen zwischen der französischen Regierung und den grossen Kronvasallen von Tag zu Tag, so dass in kurzer Zeit das englische Kabinet einen entscheidenden Einfluss auf die Schicksale benachbarter Continentalreiche gewinnen musste. Im Inland und Ausland hatte man wohl erkannt, dass die Nevils, vor Allem aber Warwick, diesen Wechsel der Dinge herbeigeführt hatten; mochte Eduard die Bürger der City durch Aufzüge und Turniere blenden — in den Augen der Wissenden war der wahre Herrscher der allmächtige Minister. Im Jahre 1484, kurz nachdem George das nordische Primat zum Lohn für seine Verdienste als Diplomat erhalten hat[2]), ist die Macht der Brüder auf ihren Höhepunkt gelangt; während der König Bankette abhielt, hatten sie durch militärische und politische Erfolge die Yorksche Herrschaft dauernd befestigt und jede Empörung niedergeworfen; mit Recht konnte ein Offizier Ludwigs von Frankreich seinem Herrn melden: „. . . . car ils dient qu'ils n'ont quant à present, que deux chiefs en Angleterre, dont Mr. de Warwich en est l'un, et le second ay oublié le nom"[3]).

---

[1]) Die Hauptsache war die Abtretung von Abbeville, Amiens, St. Quentin gegen eine beträchtliche Geldsumme. Rym. XI. 507, 8, 13. Chastellain IV. 338—88.

[2]) Rym. XI. 533..

[3]) Waurin-D. III. 184. cf. 173. „Warwyk, conduiseur dudit royaume d'Angleterre dessoubz le dit roy", u. Chast. IV. 159. „Edouart en la vertu du comte de Warwic regnoit maintenant." Über Warwicks Ansehen in Italien s. State Pap. I. Nr. 376.

Sechstes Kapitel.

Am 6. Mai 1462 hatte das Parlament zusammentreten sollen[1]; aber die immerwährenden Kämpfe hatten ein Jahr lang eine Beratung der Volksvertreter verhindert, und erst am 29. April 1463 konnte die neue Session beginnen, welche mit Unterbrechungen die Abgeordneten 2 Jahre lang in Westminster und York versammelt hielt[2].

In den ersten Jahren seiner Regierung konnte Eduard IV. auf den guten Willen der Gemeinen rechnen; er war ein leutseliger Herr, der gern mit dem schlichten Bürgersmann verkehrte, und wohl auch einmal selbst Gericht abhielt, um die eingelaufenen Klagen zu prüfen[3]. Namentlich in London war mit der Zeit zwischen dem König und seinen Unterthanen ein freundschaftliches Verhältnis entstanden, welches der Monarch, der gleich seinem Vorgänger nie Geld hatte, in seinen pecuniären Notlagen wohl auszunutzen verstand. Im Gegensatz zu den Lancasters erhob er keine directen Steuern[4]; allein er zog grosse Summen unter dem Namen freiwilliger Spenden ein[5], da der Ertrag der confiscierten Güter, der Feudallasten und der häufigen Zehnten den Verbrauch an seinem glänzenden Hofe nicht bestreiten konnte. Eine lebhafte Compromisspolitik hatte sich zwischen ihm und dem Unterhause entwickelt[6]; das Parlament erteilte ihm das Recht, vacante Domänen und Kirchengüter einzuziehen, während er seine Zustimmung gab, als die Gemeinen in mittelalterlicher Kurzsichtigkeit Gesetze gegen

---

[1] Rot. Parl. V. 487; es war dann wieder auf den 5. II. u. 7. III. 1463 vertagt worden.
[2] Rot. Parl. V 496 ff.
[3] Fox 809.
[4] Hargrave Ms. 397 f. 18.
[5] „Benevolences"; Tasw.-Langm. 300 nennt sie im Ggs. zu Rogers, Six. Cent. 316 u. Hist. of Agric. IV. 180, ungerecht und drückend.
[6] Rot. Parl. V. 498, 508/9.

den Import fremder Waaren erliessen[1]). Die Freiheit des Handels war auf ein Geringes zurückgeführt worden, und die neuen Bestimmungen griffen bald in die Privilegien der Hansestädte ein[2], bald erweckten sie den Groll der flandrischen Kaufmannswelt[3]).

Warwick war nicht der Mann, um sich an commerziellen Debatten zu beteiligen; seit dem Falle von Banborough beschäftigte ihn die Verwaltung seiner ausgedehnten Besitzungen, die er zum grossen Teil seit 1459 nicht mehr betreten hatte. Nur zwei Monate konnte er den eigenen Angelegenheiten widmen; dann erfolgte die Einberufung eines Staatsrates nach London. Wichtig genug mussten die Verhandlungen der Pairs erscheinen, aber der Minister kam mit der sicheren Aussicht nach London, seine Pläne durchzusetzen. Ein doppeltes Ziel hatte er sich gesteckt: zunächst mussten die anglo-französischen Beziehungen auf die Dauer geregelt werden; dann galt es, für den jungen Monarchen eine passende Gattin zu finden.

Das Verhältnis zwischen Philipp und Ludwig hatte sich gänzlich umgestaltet, und es war abzusehen, dass der französische Herrscher in Bälde seinem mächtigen Unterthan mit den Waffen entgegentreten würde. Warwick hatte seine Partei längst gewählt, und Ludwigs Geschäftsträger und Spione[4]) in England waren bemüht gewesen, den Groll zu steigern, den der grosse Baron gegen den burgundischen Thronfolger hegte. Persönlicher Hass war für Richard Nevil stets ein guter Grund zur Parteinahme gewesen; überdies war aber durch ein enges Bündnis mit Frankreich ein anderer Vorteil zu erhoffen. Alle früheren Versuche, eine Königin für den englischen Thron zu finden, waren erfolglos geblieben[5]); die geplante Heirat zwischen

---

[1]) Stat. of Realm II. 392—407.
[2]) Hanserecesse V. 101, 183, 415, 461.
[3]) Stat. of Realm II. 411.
[4]) Vaesen II. 118 u. s. f.
[5]) Der erste hatte sich auf eine burgundische Prinzessin Katharina von Bourbon bezogen; Wenlock verhandelte 1461 mit Philipp damals

Eduard und Maria von Geldern musste aufgegeben werden, da man allgemein die Tugendhaftigkeit der schottischen Regentin in Zweifel zog[1]), und Verhandlungen, welche wegen eines Ehebundes mit Isabella zwischen den Cabinetten von Westminster und Madrid schwebten[2]), wurden so plötzlich abgebrochen, dass eine dauernde Verstimmung die Folge war. Jetzt hatte Warwick eine andere Wahl für seinen König getroffen: Bona von Savoyen, eine Schwägerin des elften Ludwig und verwandt mit dem deutschen Kaiserhause[3]). In den Sitzungen des Staatsrates, der wegen der in London herrschenden Pest[4]) nach Reading verlegt worden war[5]), brachte er seine Projekte zur Sprache, und weder von Seiten des Königs noch aus den Reihen des Hochadels liess sich Widerspruch vernehmen. Augenscheinlich handelte er im Einverständnis mit Ludwig, der sich seine Hülfe für den drohenden Krieg sichern wollte, und doch war an und für sich nicht ausgemacht, dass jede Prinzessin den 24jährigen Monarchen zum Gatten nehmen würde. Sein Ruf war gewiss nicht tadellos; „King Edward", schreibt ein englischer Chronist, „being a lusty prince attemptid the stabilite and constant modesty of dyvers ladies and gentilwomen"[6]).

darüber, aber dieser scheute sich, das Schicksal seiner Nichte an die Dynastie zu knüpfen. Chast. IV. 155. Wanrin-D. II. 309 -13. Rym. XI. 478, 81. Issue Rolls, Easter I, E. IV. cf. Du Clercq III. 230; K. heiratete den Herzog von Geldern.

[1]) Buchanan 381 „parum secunda pudicitiae fama" Boethius XIX. App. 386. Pinkerton I. 251/2. Major 327. Holinshed V. 448.
[2]) Gairdner, Lett. I. 32. Lingard II. 1. 152. More 58. Hall 262. Ellis, Lett. II. 1. 152.
[3]) Lingard IV. 161. u. 3. Stow, Ann. 418. Wanrin-D. II. 325 27. u. Kirk I. 415. Dass Warwick noch nicht nach Frankreich gegangen war, um Bonas Hand zu verlangen, ergiebt sich aus Comm. D. III. 212 „mon beau cousin de Warvy n'est venu par de çà ainsi comme il avoit promis"; Brief Sir Nevils vom 17. XI. 64.
[4]) State Pap. I. Nr. 395; Brief vom 5. XI. 64; 200 Personen starben täglich.
[5]) State Pap. s. l.
[6]) Hearne 293.

Auch Trinkgelagen war der Sohn Richard von Yorks nicht abhold, und die Folgen seiner Ausschweitungen scheinen sich schon früh eingestellt zu haben¹). Dazu kam, dass man sich am Hofe erzählte, der König sei schon vermählt; die einen nannten den Namen Elisabeth Lucy, andere Eleanor Butler²), eine Urenkelin des grossen Shrewsbury. Allein der Hofklatsch war für Warwick nicht massgebend, und sein königlicher Verbündeter war für moralische Beweggründe unempfänglich; beide aber zweifelten nicht, dass sich Eduard aus politischen Gründen entschliessen würde, jegliche englische Heirat auszuschlagen. Schon bei dem Kongress von Hesdin hatte Ludwig seine Schwägerin nach Dampierre gerufen, um sie dem Earl vorzustellen; als dieser dann durch den nordischen Krieg verhindert wurde, an den Verhandlungen teilzunehmen, sandte der König eine Gesandtschaft nach England, um die einflussreichsten Edelleute von den Vorteilen einer so engen Allianz zu überzeugen³). Anfang Oktober sollten sich der Earl und Ludwig auf französischem Boden zu einer letzten Besprechung der Angelegenheit treffen⁴), und Eduard hatte seinem Gesandten in aller Gemütsruhe Aufträge an seinen fürstlichen Vetter mitgegeben — da, in letzter Stunde, wurden die grossen Hoffnungen, die der Earl an seine Mission geknüpft hatte, vereitelt: König Eduard war seit dem ersten Mai verheiratet, und zwar mit der Tochter Richard Woodvilles, eines Mannes, der nicht einmal zum englischen Hochadel gehörte⁵).

Warwicks Entrüstung war unbeschreiblich; das ganze Gebäude, welches seine Staatskunst in langen Monaten gezimmert hatte, war durch die Hexenkünste einer Frau oder

---

¹) Devon, Issues 488.
²) Thoyras IV. liv. XIII. 224. Strickland. II. 328.
³) Über die Verhandlungen mit Ludwig s. Basin II. 51, 85, 86. Comm.-D. I. 233. Chast. V. 13—25; 93—94. Hall 263. Rym XI. 520.
⁴) Comm.-D. III. 212.
⁵) Hist. Coll. 226. Fabyan 654. Chron. White R. 15/16. Three F. C. C. 180; eine ähnliche Mesallianz hatte der „schwarze Prinz" geschlossen; Habington 34.

durch Eduards gänzlichen Mangel an Pflichtgefühl¹), zusammengestürzt; was musste Ludwig von ihm und seinen Versprechungen denken! Einst hatte er selbst für einen seiner Schützlinge um Elisabeths Hand geworben²), und diese Frau, die damals seinen und Yorks Bitten³) nicht nachgegeben hatte, die Tochter und Gattin von Lancastriern, die einstige Hofdame Margaretas, welche vor der zweiten Schlacht von St. Alban in sein Lager gekommen war, um eine Gefälligkeit von ihm zu erbitten⁴), die Schwester seines alten Feindes Richard Woodville, die sollte jetzt auf dem Throne sitzen, den er für Eduard von York geschaffen hatte! Ludwig, der grosse Heuchler, konnte seinen Ärger verbergen; aber der ungestüme Baron liess den unwilligen Worten gegen die Königin freien Lauf. Und doch war Elisabeth weniger zu tadeln, als ihr Gemahl. Schon im Jahre 1461 hatte Eduard der Herzogin von Bedford und Lord Rivers eine jährliche Rente ausgesetzt, und es ist unwahrscheinlich, dass er dies that, um sich die Freundschaft eines Mannes zu erkaufen, der ohnehin damals schon Heinrichs Sache für verloren gab⁵). Freigebigkeit war kein Charakterzug des Königs, ausser wenn sein Vergnügen oder eine schöne Frau im Spiel waren, und es ist wohl anzunehmen, dass seine Bekanntschaft mit der Witwe Sir John Grays schon von länger her datierte, als erst seit den Tagen, wo sie in den Wäldern von Whittlebury zusammen gejagt hatten⁷). Die Verführungskünste des Monarchen waren diesmal am energischen Stolz oder an der berechnenden Kälte eines Weibes abgeprallt⁸); so entschloss

---

¹) „By the art of a woman or the infatuation of a boy" schreibt Stubbes III. 200.
²) Strickland II. 318; im Jahre 1452. Swallow 199.
³) Strickland II. 317.
⁴) Strickland II. 319.
⁵) Am 11. XII. 61. Devon, Issues 486. App. war die erste Zahlg. an Rivers; über die Rente s. Stat. of Realm. II. 383.
⁶) State Pap. I. Nr. 385; Brief Dallugos an Sforza v. 30. VIII. 61
⁷) Baker II. 179.
⁸) Hearne 293.

er sich die Frau, welche er nicht zur Maitresse haben konnte, auf den englischen Thron zu erheben, und während der grosse Graf dem Reiche und der Dynastie ein möglichst grosses Ansehen im Ausland zu schaffen suchte, hielt sein unwürdiger Herr das Hochzeitslager mit Elisabeth Woodville, jede schuldige Rücksicht gegen seinen ältesten Freund vergessend.

Eduard IV. war sich wohl seines Unrechtes bewusst[1]), und als das Geheimnis nicht mehr zu bewahren ging, da suchte er seinen Pairs zu beweisen, dass er eine standesgemässe Heirat geschlossen hatte. Elisabeths Mutter war eine Luxemburgerin, eine Verwandte Kaiser Friedrichs; gegen den Willen ihrer Angehörigen hatte sie den Werbungen Richard Woodvilles Gehör geschenkt und dadurch die Feindschaft ihres Bruders, des Grafen von St. Pol, auf sich gezogen. Die seltene Schönheit des Bräutigams hatte über die Mesallianz nicht hinweggeholfen, und seit ihrer Heirat war Jacquetta am burgundischen Hofe in Vergessenheit geraten. Jetzt war die Zeit zur Aussöhnung gekommen, und der Graf von Charolois schrieb nach England, der Herzog werde sich bei der Krönung vertreten lassen[2]) — gewiss ein neuer Grund, um Warwicks Groll zu verstärken.

Das englische Volk nahm die Heirat mit einer gewissen Befriedigung auf, und die Stimmung auf dem flachen Lande war, wenn wir einem Agenten Elisabeths, der in Norfolk, Sussex und Essex Umfrage hielt, trauen dürfen, vorwiegend günstig[3]). Es musste der Nation schmeicheln, dass der König eine ihrer Frauen einer auswärtigen Fürstin vorgezogen hatte. Aber in der Hauptstadt war man mit der seltsamen Wahl unzufrieden, und der Lord Mayor legte sein Amt nieder, um seiner Missbilligung Ausdruck zu verleihen[4]). Auch in den Kreisen des Hochadels war

---

[1]) Da die Pairs zu einer Heirat des Königs Einwilligung haben mussten, Carte II. 770, hatte auch er Verpflichtungen gegen sie.

[2]) Du Clercq. 286—89.

[3]) Botfield 196—97.

[4]) Monstrelet XIV. 374.

man über die Heirat erbittert; schon kurz nach der Schlacht von Towton hatte ein Correspondent der Pastons geschrieben „der König empfinge Leute, die seine erbittertsten Gegner gewesen wären und dem Volke viel geschadet hätten, während die Anhänger Sr. Majestät nicht belohnt würden; das sei wohl zu bedenken, denn es würde Unzufriedenheit erregen, und dies ganz mit Recht, wie ihm dünke"[1]). Und nun sollte sogar eine Frau am Hofe herrschen, deren Sympathieen bis vor kurzem ganz auf lancastrischer Seite gewesen waren, und deren Verwandte auf manchem Schlachtfelde für König Heinrich geblutet hatten. Da konnte wohl mancher die Frage erheben, warum Eduard, wenn er doch eine Engländerin zum Altar führen wollte, nicht eine Gattin aus dem Geschlechte der Nevils erkoren hatte[2])?

Auch Eduards Mutter war eine heftige Gegnerin der neuen Königin. Die stolze Frau Richards von York konnte nicht ertragen, dass die Tochter eines einfachen Squire den Platz einnehmen sollte, den ihr des Schicksals Laune versagt hatte. Als Hauptgrund gegen die Ehe brachte sie den Umstand vor, dass Elisabeth eine Witwe war und Kinder hatte; aber der lustige König antwortete in sehr unehrerbietiger Weise auf ihre Vorstellungen, „er sei Junggeselle und habe auch Kinder". So hatten denn weder die Bitten des Earls, noch der Rat der Mutter den König bewegen können, sein Versprechen rückgängig zu machen, und die Lords von England mussten sich mit der Wahl einverstanden erklären, als er ihnen Elisabeth in der nächsten Staatsratssitzung vorstellte. Der Herzog von Clarence geleitete seine Schwägerin in die Abtei, wo sie die Glückwünsche des Hochadels entgegennahm[3]); auch Warwick musste sein Knie vor der neuen Herrscherin beugen, aber,

---

[1]) Oman 136.
[2]) cf. Kirk I. 415.
[3]) Camden, Rem. 290 91; er hatte ein Kind von Lady Lucy; More 61 62.
[4]) Hist. Coll. 226. W. Worc. 500 01.

wenn selbst der Zorn verraucht war, sein Groll war nicht geschwunden. Man hatte ihn getäuscht, da er sich für allwissend hielt, und wo er Vertrauen erwartete, war ihm Hinterlist begegnet; die erste Verstimmung konnte nie mehr vergessen werden[1]).

Vom November ab wurden in der Hauptstadt Feste gefeiert, wie man sie seit den Tagen nicht gesehen hatte, in denen der dritte Eduard den Hosenbandorden gestiftet hatte. Die Königin, umgeben von einer Reihe lieblicher Schwestern, füllte ihren Platz mit Würde aus; eine geborne Schauspielerin, konnte sie die Empfindungen verbergen, welche gehässiger Hofklatsch und berechtigtes Misstrauen in ihrer Seele wachrufen mussten. Am 24. Mai 1465 wurde sie vom neuen Lord Mayor zum Tower geleitet; zwei Tage später setzte ihr Bourchier in Westminster die Krone aufs Haupt. Von Burgund war ihr Oheim Johann von Luxemburg mit einem grossen Gefolge herübergekommen, und die Edelleute beider Nationen verbrachten den Mai unter rauschenden Festlichkeiten[2]). Warwick aber sann darüber nach, wie der leichtsinnige Schritt des jungen Fürsten wieder gut zu machen war.

Er war im Frühjahr in Calais gewesen und hatte sich davon überzeugt, dass Ludwig XI. vor einem Kriege von zweifelhafter Aussicht stand[3]). Dann hatte ihn der König nach Boulogne gesandt, um mit Charolois wegen einer burgundischen Allianz zu unterhandeln; aber Charolois kam nicht, entweder aus Abneigung gegen Eduards Bevollmächtigten, oder weil er zu sehr mit dem zukünftigen Feldzug gegen Ludwig beschäftigt war[4]).

Wie im Jahre 1440 gegen Karl VII., so hatte sich jetzt gegen seinen Sohn eine Fronde gebildet, der sein

---

[1]) Leland, Coll. I. p. II. 500 „after this wedg. the Erle of Warwik and the King never lovid together". Gairdner, Lett. I. 32 „for the which cause also was mortalle werre betwixt him and the erle of Warrewyk".
[2]) W. Worc. 501/3. Three F. C. C. 80, 180.
[3]) W. Worc. 503 4. Rym XI. 540, 513. Du Clercq. V. 255.
[4]) Waurin-D. II. 368.

Bruder Berry, sein Schwager und zahlreiche Mitglieder des Feudaladels angehörten. Mitte Juli kam es bei Montlhéri zur Schlacht, in welcher Charolois, der Führer der aufständischen Liga, Sieger blieb[1]. Jetzt befand sich Ludwig in einer solchen Lage, dass es nicht Sforzas Rates bedurfte[2], um ihn zur Nachgiebigkeit zu zwingen; er erfüllte die Forderungen der Rebellen und wartete auf einen günstigen Zeitpunkt zur Rache. Am 23. Oktober fand der Frieden zu St. Maur-les-Fossés statt[3], während ein Vertrag vom Juli zwischen Ludwig und Eduard Englands Neutralität für die Zukunft sicherte[4].

Der Streit zwischen Monarchie und Feudalismus in Frankreich musste dem Inselland Gewinn bringen; und mächtiger, denn je seit den Tagen des fünften Heinrich, war seine Stellung dem Ausland gegenüber. Auch im Innern hatte das Haus York seine Macht zu befestigen verstanden, und der letzte vornehme Lancastrier, Heinrich selbst, war in die Hände der Regierung gelangt. Nachdem er lange auf der Grenze von Lancashire und Yorkshire umhergeirrt war[5], hatte ihn ein Mönch verraten; in Waddington Hall wurde er während des Essens mit seinen 3 Begleitern, einem Diener und zwei Priestern, gefangen genommen. Am 24. Juli stiess Warwick in Islington zufälligerweise auf den Transportzug; er begleitete ihn von dort nach der City, die der unglückliche Monarch, die Füsse mit Lederriemen an die Steigbügel gebunden, rittlings durchreiten musste[6]. Unbegreiflich war es, warum man dem frommen Mann diese Schmach anthat, da doch ein Aufstand nicht zu befürchten war. Im Tower war ein Gemach für ihn eingerichtet worden, in dem er fünf Jahre

---

[1] Comines-L. II. 484. Taillandier II. 87 ff.
[2] Taillandier II. 97; Berry erhielt die Normandie, Charolois die Städte a. d. Somme, die Louis eben erst von Philipp gekauft hatte.
[3] Comines-L. II. 499—533.
[4] W. Worc. 504.
[5] Waurin-D. V. 344. Rym XI. 575.
[6] Hist. Coll. 232. Warkw. 5, n. 40—43. Monstrelet XV. 56. Three F. C. C. 80. Fabyan 654. W. Worc. 504.

verbringen sollte; es heisst, man habe ihn gut behandelt und ihm erlaubt, Besuche zu empfangen, aber ein Chronist, der ihn in späterer Zeit sah, meint, er sei nicht so gehalten worden, wie es sich für einen Fürsten geeignet hätte [1]).

Warwick war jetzt vollauf mit diplomatischen Verhandlungen beschäftigt; einem Bündnisse mit Schweden [2]) folgte die Erweiterung des Waffenstillstandes mit Schottland auf 55 Jahre [3]); an neue Verträge mit Frankreich und der Bretagne [4]) reihte sich ein Offensiv- und Defensiv-Bündnis mit Heinrich IV. von Castilien, das wohl gegen Ludwig gerichtet war [5]). In Burgund und Frankreich zeigt sich das lebhafte Bemühen, Englands wertvolle Freundschaft zu erkaufen [6]); während Ludwig flandrische Territorien als Preis anbietet [7]), wandert seine geheime Correspondenz mit Philipp in die Archive des englischen Cabinets [8]). Auch Heiratspläne werden wieder der Gegenstand zahlreicher Erörterungen; Charolois hält um die Hand Margaretas von York [9]), Eduards Schwester, an, während zugleich das Projekt einer Heirat zwischen Clarence und Maria von Burgund [10]) erwogen wird.

Für den Augenblick war Warwicks Einfluss noch massgebend genug, um eine anglo-burgundische Coalition zu hintertreiben; er war immer noch der allmächtige Staatsmann, auf den die Augen Europas sich richteten; sein Bruder Montagu besass immer noch die drei wichtigsten militäri-

---

[1]) W. Worc.
[2]) Rym XI. 551.
[3]) Rym. XI. 557, 573. Rot. Scot. II. 413—19.
[4]) Rym. XI. 561—68. Comines-L. II. 56, 58. Du Clercq V. 293. Taillandier II. 103. Morice III. 136/37.
[5]) Rym. XI. 569/72, 583/90. Chast. V. 339. Harl. Ms. 596. Art. 73 f. 122.
[6]) Basin II. 177.
[7]) Duclos IV. 311.
[8]) Monstrelet XV. 57.
[9]) Hist. Croyl. 551. Basin II. 182. Chast. V. 311/12, 419; um dieselbe Zeit schrieb W. an Ludwig XI, er werde persönlich mit ihm einen Vertrag vereinbaren. Duclos IV. 310.
[10]) Maria heiratete später Kaiser Maximilian.

schen Posten im Inland. Allein bald sollte die Zeit kommen, wo Eduard IV., der Bevormundung der Nevils müde, sich entschloss, aus den Verwandten seiner Frau eine Coalition zu bilden, die dem alten Normannenadel das Gegengewicht halten konnte. „Wie die Percies 60 Jahre vorher, schienen die Nevils ihre Verdienste zu überschätzen und ihre Belohnungen[1] gering anzuschlagen"[2]. Und der König, der gewiss nicht beabsichtigt hatte, die Bürde der Regierungssorgen auf sich zu nehmen, wollte auf die Dauer lieber seine Creaturen am Ruder des Staates sehen, als die mächtigen Barone, denen er von Jugend auf verpflichtet gewesen war.

Siebentes Kapitel.

Der Kampf zwischen dem alten Hochadel und den Emporkömmlingen der neuen Dynastie sollte nicht lange ausbleiben. Zuerst suchte man durch kleine Chicanen den Gegner zu ärgern: Warwick war nicht zu den Krönungsfestlichkeiten gekommen; Eduard und Elisabeth hielten sich fern, als George sein Primat übernahm[3]. Wirksamer noch als diese Zeichen der Erbitterung waren die Verleihungen von Titeln und Orden an die Verwandten der Königin. Im März 1466 übernahm Lord Rivers an Mountjoys Stelle die Finanzen[4]; zwei Monate darauf erhielt er

---

[1] Warwick war am 8. III. 65 „Steward of England", am 11. IV. 65 Lord of Cockermouth geworden. Doyle III. 588.
[2] Stubbs III. 201.
[3] W. Worc. 505.
[4] W. Worc. 506.

eine Grafschaft¹), während Anthony Woodville durch seine Heirat mit einer Erbtochter des Lord Scales eine Baronie zufiel²). Und jetzt konnte auch Warwick gegen die Woodvilles mit Recht den Vorwurf erheben, den er ihnen sieben Jahre vorher in Calais entgegengeschleudert hatte: eine Heirat nach der anderen brachte ihnen Vermögen, Würden und Macht ein. Schon im September 1464 hatte sich Margareta Woodville mit Thomas Maltravers, dem Sohne des Earl of Arundel verlobt³); drei andere Schwestern der Königin heirateten den Herzog von Buckingham und die Söhne des Earls von Essex und Kent⁴), während im September 1466 Maria Woodville ihre Hochzeit mit dem Erben des Lord Herbert feierte⁵). Ein Ehebund aber hatte zumal die Entrüstung der ganzen Nation erregt, das war das „maritagium diabolicum" zwischen Warwicks Tante, der 80jährigen Herzogin von Norfolk und dem kaum den Knabenschuhen entwachsenen John Woodville⁶).

Persönliche Kränkungen sollten Richard Nevil gleichfalls nicht erspart bleiben. William Herbert hatte bei seiner Heirat den Titel eines Lord Dunster erhalten, auf welchen der Erbe Salisburys Anspruch hatte⁷). Anne Holland, Exeters Tochter, die für Montagus jungen Sohn bestimmt gewesen, wurde plötzlich, ohne dass Warwick es hindern konnte, mit Thomas, einem Bruder Elisabeths, vermählt⁸). Auch George von Clarence war bei der raschen Verteilung der Erbinnen Englands zu kurz gekommen, da Anthony die ihm bestimmte⁹) Braut zum Altar geführt hatte.

---

¹) Lord's Report App. V. 370.
²) Stubbs III. 202.
³) Past. Lett. II. 257. W. Worc. 500.
⁴) W. Worc. 505/6. Rym. XII. 14 15.
⁵) W. Worc. 506.
⁶) W. Worc. 501. Rot. Parl. V. 607.
⁷) W. Worc. 506; Ramsay II. 321 cit. Receipt Roll. Michaelmas 9, E. IV.
⁸) W. Worc. 507.
⁹) Strickland II. 332.

Der Kampf der Parteien beschränkte sich nicht auf das Inland; burgundische und französische Hilfe wurde zur Verstärkung des Gegensatzes herbeigeholt. Es war natürlich, dass der Demokratenfürst, der auf Hugo Capets Thron sass, im ritterlich gesinnten Teil Englands keine Anhänger fand; ein Zusammengehen mit dem Grafen von Charolois, dem kühnen Feudalherrn, der seit Jahren hinter seines Vaters Rücken Politik trieb, schien weit erwünschter, als eine Allianz mit dem revolutionären Bürgerkönig. So ward es freudig begrüsst, als Charolois Bruder, der Bastard nach England kam, zum Scheine, um eine vor zwei Jahren ergangene Herausforderung zum Turnier mit Anthony Woodville auszufechten, in Wirklichkeit, um Vereinbarungen über die geplante Heirat zwischen dem zukünftigen Herzog und Eduards Schwester zu treffen[1]).

In dem Zweikampfe, der am 11. und 12. Juni in Smithfield stattfand[2]), hatte Anthony, dessen Geschicklichkeit in der Waffenkunst wohl bekannt war[3]), das Glück, seinen Gegner zu werfen; aber der Burgunder sollte reichlich für seinen Misserfolg entschädigt werden. Von Anfang an schien es, als ob die neue Allianz eine ausgemachte Thatsache sei; die Nevils kamen nicht zu den Festlichkeiten in Smithfield, und der Kreis von Edelleuten, welcher Lord Scales und seinen Gast umgab, bestand allein aus den Anhängern der Woodvilles und früheren Lancastriern, wie den Suffolks, Buckinghams und Shrewsburys[4]).

Warwick selbst war in Frankreich[5]); während der rauschenden Feste neuer Waffenbrüderschaft hatte Eduard keine Zeit und keine Lust, sich um die Meinung seines

---

[1]) Rym. XI. 573; über Warwicks Ansichten zu diesem Plan s. Waurin-D. II. 333.

[2]) Eine genaue Schilderung findet sich in Exc. Hist. 171—212; cf. Hist. Coll. 236.

[3]) Stow, Survey I. 88.

[4]) Exc. Hist. 205, 210.

[5]) Im April hatte er 2000 engl. Mark für die Reise erhalten; im Mai war er zum Gesandten ernannt worden. Issue Rolls, Easter 7. Edw. IV. Rym. XI. 578.

Ministers zu bekümmern, und ohne mit einander über das
nächste Ziel der äusseren Politik ins Klare zu kommen,
jagte ein jeder auf grundverschiedener Bahn den eigenen
Interessen nach[1]). Die burgundischen Herren waren gute
Gesellen bei Tafel und Pürschgang; mochte Warwick sehen,
wie er mit dem frömmelnden Heuchler fertig wurde —
dem König lag nichts daran, so lange sein Vergnügen nicht
gestört wurde. Solch seltsames Verhältnis konnte auf die
Dauer nicht Bestand haben, und Ludwig XI. war willens,
den Zwiespalt zu erweitern. Mit seinem scharfen Blick
hatte er Warwicks Hauptschwäche, eine masslose Eitelkeit,
erkannt; damit war der Nährboden für jede weitere Entwicklung
gegeben. Als der Earl am 10. Juni 1467 in Rouen
eintraf[2]), erwartete ihn Ludwig, der sonst den Pomp hasste[3]),
an der Spitze des gesamten Hofstaates, und der Einzug
in die Stadt glich dem Empfang eines gekrönten Hauptes.
Zwölf Tage lang wohnten der König und sein Gast nebeneinander[4]),
und bald wurden einzelne Punkte der Beratungen
am Hofe bekannt. Der Fürst war augenscheinlich
entschlossen, eine gemeinsame Aktion gegen Burgund vorzubereiten,
an welcher auch Lüttich, Bern und Savoyen
teilnehmen sollten; das mächtige Herzogtum wurde in Gedanken
schon unter die Alliierten geteilt[5]), der Papst als
Schiedsrichter der englischen Ansprüche auf Nord-Frankreich
bestimmt[6]); eine jährliche Rente für den geldgierigen
Eduard als Lockmittel festgesetzt[7]). Auch der üblichen
Heiratspläne ermangelte die Vereinbarung nicht; Glocester

---

[1]) Le seul parti à prendre par nous, disait le comte de Warwic
au comte d'Exeter, ... , c'est de faire unne bonne alliance avec le
roi de France. Son pouvoir nous soutiendra, mais il faut que je le
voie moi-même et que passe la mer". Barante VII. 149 Über Eduards
Widerwillen gegen Warwicks Pläne s. State Pap. I. Nr. 408.
[2]) Comines-L. II. 61.
[3]) Swallow 185.
[4]) "he hadde secrete communyng with the French king alone,
and none othir but they" II.; Hearne 297. Barante II. 178/79.
[5]) State Pap. I. Nr. 404.
[6]) Rym. XI. 580 ff. Basin II. 179—81. W. Worc. 510.
[7]) Duclos. IV. pièces justif.

sollte Ludwigs zweite Tochter, Clarence Isabella Nevil, zum Altar führen[1]); Louis älteste Tochter ward für Eduard Lancaster[2]), Margareta von York für Philipp von Savoyen bestimmt. Der Vertrag sollte Eduard gleich nach der Rückkehr seines Gesandten unterbreitet werden, und eine französische Gesandtschaft wurde zur Befürwortung des Bündnisses auserlesen[3]). Noch war kein Zeichen der königlichen Ungnade am politischen Horizont sichtbar, und Ludwig musste glauben, dass der Graf im Stande sein würde, die Projekte, welche er in Rouen zur Sprache gebracht hatte, auch zum grossen Teile durchzuführen. Allein die Enttäuschung sollte für Beide gleich gross sein. Kaum hatte Warwick mit seinen französischen Begleitern den Boden Englands betreten, da erfuhr er, dass man ein schmähliches Spiel mit ihm getrieben hatte[4]): George von Clarence, der ihm entgegengeritten war, berichtete, dass Eduard mit dem Grafen von La Roche ein Bündnis abgeschlossen hatte[5]) und dass ein anderer Vertrag mit Ludwigs Feind, Heinrich IV. von Castilien, unterzeichnet worden, in welchem für einen Beitritt von Burgund und Aragon Spielraum gelassen war[6]). Damit war jedoch die Reihe der Unglücksposten nicht erschöpft; am 8. Juli 1467 hatte der König George Nevil eigenhändig das grosse Siegel abgenommen, um es Robert Stillington, dem Bischof von Bath, zu verleihen[7]); eine Woche später aber war Philipp der Gute in Brüssel gestorben, und Charolois hatte den burgundischen Thron bestiegen[8]).

Eduard von York schien nicht gesonnen, die Erbitterung, welche er in Warwick wachgerufen hatte, zu mindern;

---

[1]) State Pap. I. Nr. 404.
[2]) Fortescue 67. Waurin-D. III. 205.
[3]) Comines-L. II. 63. W. Worc. 510.
[4]) Rym. XI. 580.
[5]) Hall 267. Chron. White Rose 19. Cott. Charters XI. 54.
[6]) State Pap. I. Nr. 408; ein gleichzeitiger Angriff von Spaniern auf französische Schiffe wurde Eduard zur Last gelegt. Nr. 414.
[7]) Rym. XI. 587. W. Worc. 508.
[8]) Monstrelet XIV. 141.

kaum schenkte er ihm Gehör, als er von dem Ausgange seiner Mission Mitteilung machte[1]); er bewilligte zwar den Gesandten eine Audienz und versprach von Windsor aus eine Antwort zu senden; aber vergebens harrten die Franzosen auf einen Bescheid. Einen Monat lang blieben sie in London, von Warwick und Clarence aufs Beste bewirtet[2]); dann kehrten sie unverrichteter Sache zu ihrem Herrn zurück, der seinem Unmut über die leeren Versprechungen des Earls freien Lauf liess[3]).

Augenscheinlich hatten die Woodvilles im Einverständnis mit den Burgundern Eduard zu einem endgültigen Bruch bewogen, und wenn Richard dem Eigensinn des Königs mehr Rechnung getragen hätte[4]), wäre ihm diese schmähliche Niederlage erspart geblieben. Schon im vorigen Jahre hatte Eduard deutlich bewiesen, dass er gesonnen war, wenn nicht die Nevils zu stürzen, so doch sie in die Stellung von Unterthanen herabzudrücken. Clarence und Glocester hatten Warwick Ende 1466 in Cambridge gesucht, und schon damals war das Projekt einer Ehe zwischen Isabella Nevil und George zur Sprache gebracht worden[5]); aber der König hatte seinen Brüdern in unzweideutiger Weise seine Missbilligung sowohl des Besuches, wie des Heiratsplanes ausgedrückt[6]). Bisher hatte ihm Elisabeth keinen Sohn geschenkt, und sein Misstrauen war leicht begreiflich, da die Erbschaftsfrage der neuen Dynastie zu Streitigkeiten Anlass bieten konnte. Zudem hatte er in der Betrachtung der Nachbarstaaten gelernt, mit welchem

---

[1]) Es scheint, als ob seine Verhandlungen mit Ludwig Misstrauen am Hofe erweckt hatten. Chron. White Rose 21.
[2]) Comines-L. II. 63. W. Worc. 510. Waurin-D. II. 344—48; III. 191.
[3]) State Pap. I. Nr. 408.
[4]) Barante VII. 152. Waurin-H. V. 550 „ains il (Eduard) aima mieulz soy tenir avec le royal duc de Bourgnoigne".
[5]) Waurin-H. V. 546. W. Worc. 511.
[6]) State Pap. I. Nr. 408.
[7]) Er hatte zwei Töchter, Elisabeth (geb. 1466 Westm.) u. Maria (geb. 1467 Windsor).

Geschick die Häupter der Opposition oft nahe Verwandte des regierenden Hauses zu benutzen verstanden; wie leicht konnte der schwache Clarence bewogen werden mit Warwick gemeinsame Sache zu machen und Charles Berry's Rolle zu übernehmen! Nicht weniger, als sein Vetter, war der junge Herzog über den stetig zunehmenden Einfluss der Woodvilles ergrimmt; er fühlte sich zurückgesetzt und in seinem Stolz gekränkt; wohl hatte man ihn, der in Dublin geboren war[1]), zum Vicekönig von Irland gemacht[2]); aber seiner Jugend wegen herrschte in seinem Namen Worcester auf der grünen Insel[3]).

Offenes Spiel musste jetzt dem König die beste Politik scheinen: so wurde auch die bevorstehende Heirat im Staatsrat angekündigt, und Margareta gab ihre Einwilligung vor den versammelten Pairs[4]). Und nun wandten sich beide Parteien nach Rom, um Papst Paul, der seit Aeneas Tod das Oberhaupt der Kirche war, für ihre Interessen zu gewinnen; während Ludwig XI. alle Hebel in Bewegung setzte, um den apostolischen Consens für die anglo-burgundische Heirat zu verhindern, suchte der englische König durch seinen Einfluss die zwischen George und Isabella geplante Ehe zu durchkreuzen[5]) — beide mit gleich geringem Erfolge.

Warwick hatte sich grollend auf sein Schloss Middleham zurückgezogen; dort empfing er die Berichte des Herzogs von Clarence, wie einst York durch die Nevils über die Hofintriguen unterrichtet worden war[6]). Sein Verhältnis zum König hatte sich, seitdem er nach England zurückgekehrt, noch verschlimmert; eben erst hatte man einen

---

[1]) Holinshed VI. 267.
[2]) Schon 1461. Gilbert, Viceroys. 377; er behielt sein Amt bis zum 23. III. 1470. cf. p. 392.
[3]) Cusack 607. W. Worc. 510.
[4]) Chastellain V. 312. W. Worc. 511. Rym. XI. 590.
[5]) Waurin-D. III. 192. W. Worc. 511. Die Sanction Pauls war erforderlich, da die nahe Verwandtschaft nach kanonischem Recht einer Heirat entgegenstand.
[6]) W. Worc. 511. Basin II. 183.

8

Boten aufgefangen, der Briefe von Margareta nach Harlech, der einzigen noch uneroberten Feste, tragen sollte. Lord Herbert sandte den Mann nach London, wo er einem Verhör unterzogen wurde; um sich selbst zu retten, bezichtigte er mehrere hochgestellte Personen, darunter Warwick, des Verrates[1]). Entrüstet wies der Earl die Anschuldigungen zurück; trotz der Garantie eines sichern Geleites aber weigerte er sich vor dem König zu erscheinen, und dieser fühlte sich offenbar noch nicht stark genug, um dem mächtigen Baron, der ihn auf den Thron gesetzt hatte, mit den Waffen zu begegnen; auch glaubte er wohl selbst nicht an ein Einverständnis zwischen dem Grafen und der Mörderin seines Vaters. Immerhin beschloss er, um ihn besser beobachten zu können, Weihnachten in Coventry zu verbringen, wo auch seine neue Leibgarde Quartiere bezog. Wie einst Richard II. hatte er, seiner persönlichen Sicherheit wegen, 200 Bogenschützen ausgerüstet — eine notwendige, doch wenig populäre Massregel[2]).

Inzwischen dauerten die geheimen Verhandlungen zwischen Ludwig und Warwick, welche schon seit lange von den Woodvilles argwöhnisch beobachtet wurden, fort. William Moneypenny, ein französischer Agent aus Karls VII. Schule kam nach England, um genaue Vorkehrungen für den Fall eines Offensivangriffs Eduards zu treffen. Bald konnte er seinem Herrn mitteilen, dass der Earl, der auch auf eine zweite Vorladung nicht erschienen war, gesonnen sei, einem weiteren Vordringen des Königs nach Norden Widerstand zu leisten[3]). Kurz darauf besuchte der Geschäftsträger Eduard in Coventry, um ihn inbetreff seiner Absichten auszuhorchen. Auf die Frage des Monarchen, ob er keine Briefe Ludwigs für ihn habe, erwiderte er, sein Herr habe nur an Warwick geschrieben, und erwarte immer noch den Bescheid, den seine Gesandten vergebens zu erlangen gesucht hatten.

---

[1]) W. Worc. 511/12.
[2]) W. Worc. 512.
[3]) Waurin-D. III. 186—96.

Es schien, als ob der alte Kampf der Nevils gegen die jeweils herrschende Hofpartei wieder zum Ausbruch kommen sollte — diesmal nicht aus politischen oder nationalen Gründen, sondern lediglich eines persönlichen Interessenstreites wegen; indess die Volkserhebungen, die um jene Zeit in Kent und Suffolk stattfanden, hatten Eduard nachdenklich gemacht, und im letzten Augenblick bot er die Hand zur Versöhnung. Kein Mann war geeigneter, eine Vermittlung anzubahnen, als George Nevil; auch die andere Partei fand einen geschickten Stellvertreter in Lord Rivers. Nachdem die persönlichen Differenzen der beiden Anwälte ausgeglichen waren, berieten sie über Warwicks Forderungen, und das Resultat der Besprechung war, dass der Earl im Januar nach Coventry ging, ohne dass sein Wunsch, die Entlassung der Woodvilles, Hastings, Herberts, Staffords und Andleys, erfüllt worden war[1]). Loyal genug konnte dem Unbeteiligten diese scheinbare Nachgiebigkeit erscheinen: aber der Kampf um die Suprematie war, wie einst in den Tagen Somersets, nur noch eine Frage der Zeit geworden; es galt sich für die Kämpfe der Folge die nötigen Verbündeten im In- und Ausland zu werben.

Ausgesprochen genug war die Parteinahme Ludwigs und Karls des Kühnen; seitdem der Heiratskontrakt unterzeichnet war[2]), deuteten alle Handlungen des Cabinets von Westminster darauf hin, dass man dort gesonnen, die antifranzösische Politik weiter zu betreiben; einem Handelsvertrag mit Burgund folgte ein Defensivbündnis, kurz darauf eine Offensivallianz mit der Bretagne[3]). Um die Zustimmung der Nation zu weiteren Schritten gegen Ludwig zu erlangen, berief der König die Häuser auf den 12. Mai; seit fast einem Jahr hatte keine Parlamentssitzung stattgefunden, und das Einzige von Belang, was die letzte

---

[1]) W. Worc. 512/13.
[2]) Comines-L. I. 38 n.
[3]) Rym. XI. 615, 18. 24—26. Morice III. 172, 200—1. Taillandier II. 103, 106.

Session mit sich gebracht hatte, war die Regelung der Zahlungen an die Garnison von Calais[1]). Kein Nevil war bei den damaligen Sitzungen zugegen gewesen[2]), und man war darauf gespannt, wie sie sich zu den Fragen stellen würden, die jetzt auf der Tagesordnung standen. Am 17. verlas Stillington die Thronrede[3]); nachdem er von den einleitenden Phrasen auf die commerciellen Beziehungen zu Castilien, Aragon, Dänemark, Neapel und Schottland übergegangen war, berührte er die neue Tripelallianz zwischen Burgund, der Bretagne und England, wobei in Kürze die Verbindung zwischen Karl und Margareta erwähnt wurde. Und dann kam er zum Kern der Rede: alle diese Massregeln, von der Heirat bis zum Dreibund waren nur der Beginn des Kampfes gegen Ludwig XI.; Eduard wollte Frankreich wieder erobern, die alten Provinzen gewinnen, die Souveränität über das ganze Land beanspruchen, und die Herzöge von Burgund und Bretagne, die ihm dazu verhelfen sollten, hatten den Zeitpunkt für äusserst günstig erklärt[4]). Grossartig genug lautete das Programm; allein es war in allen seinen Teilen gewiss nicht ernst gemeint. Wohl war der Vertrag mit Ludwig XI. am 1. März abgelaufen; aber Eduard hatte sich eben erst um eine Verlängerung desselben bemüht[5]); zudem hatte er wenige Wochen vorher dem König seinen Beistand gegen den unruhigen Herzog von Berry angeboten[6]). Wenn Warwick Grund hatte, aus Hass gegen Karl den Kühnen gegen eine burgundische Allianz zu frondieren, so lag doch für Eduard kein Motiv zu einem Angriff auf Ludwig vor; beide aber

---

[1]) Rot. Parl. V. 613—16.
[2]) Warwick war in Rouen, statt George Nevil eröffnete der Bischof von Lincoln die Session. Rot. Parl. V. 571. Montagus Abwesenheit nimmt Ramsay II. 324 an.
[3]) Das Parlament war zuerst auf 6. XI. 67, dann auf 5. V. 68 nach Reading vertagt worden. Rot. Parl. V. 618/19.
[4]) Rot. Parl. V. 622—23. Chastellain V. 415. Basin II. 185. Comines-L. II. 67, 70.
[5]) Rym. XI. 591.
[6]) Waurin-D. III. 186—96.

waren nur zu einer kräftigen Aktion zu gewinnen, wenn sie persönliches Interesse dazu trieb. Kein Mensch konnte damals ahnen, dass die Tage des zusammengewürfelten burgundischen Complexes gezählt waren, dass der schlaue Fuchs, wie in der alten Fabel, über den gierigen Wolf siegen werde, und es würde ebenso verfehlt sein, in Eduards Annäherung an Flandern, wie in Warwicks Festhalten an einer anglofranzösischen Allianz die Verkennung richtiger politischer oder commercieller Faktoren und Ziele zu suchen. Jeder trieb dahin, wo es ihm am bequemsten war, obschon es nicht ausgeschlossen, dass der Earl, der diplomatisch geschulter war, instinctiv fühlte, dass in dem kalten, bigotten, blitzschnell denkenden Schüler der italienischen Tyrannen die Zukunft verborgen lag. Aber der König hatte andere Gründe, um die Fanfare zu blasen; durch die Erweckung nationaler Begeisterung musste die Dynastie York an Popularität gewinnen, und die Gemeinen waren leicht zur Bewilligung neuer Zuschüsse zu bewegen[1]). Im letzteren Punkte hatte er richtig gerechnet, und auch der Klerus beschloss einen weiteren Zehnten beizusteuern[2]).

Am 7. Juni wurde das Parlament geschlossen[3]), und ehe der Feldzug gegen Frankreich beginnen konnte, mussten die letzten Anordnungen für Margaretas Hochzeit getroffen werden. Auch Warwick befand sich unter den Pairs, welche der Scheidenden am 18. Juni in Blackfriars das Geleit gaben; dann brachte sie der König selbst bis nach Margate. Mit einem grossen Gefolge zog die Prinzessin in Sluys ein, und am 3. November fand die Trauung in Damme statt.

So war eine weitere Episode in den Vorbereitungen zum Kampfe zum Abschluss gelangt; Warwicks Pläne aber waren auf der ganzen Linie gescheitert — nicht durch die überlegene Staatskunst, sondern durch die knabenhafte Willkür seines Gebieters. Nie war ein Gesandter gleich

---

[1]) Rot. Parl. V. 623.
[2]) Wilkins III. 606.
[3]) W. Worc 514.

ihm blossgestellt worden, nie ein gleiches Spiel mit einem
der Grossen der Nation getrieben worden; dass er zu allen
den Kränkungen in Resignation schweigen würde, war
nicht zu erwarten. Vornehmes Schweigen lag für den
Unterdrückten nicht im Rahmen der Zeit, aber auch einen
Mann von besonnerer Loyalität hätte das Schicksal zum
Existenzkampf aufgerüttelt. Nicht nur Personen, Prinzi‑
pien stritten miteinander in den Enscheidungsschlachten
der nächsten Jahre; zum letzten Mal focht Lancaster gegen
York, Feudalismus gegen Monarchie, Rittertum gegen mo‑
dernen Bürgerstand. In allen Ländern wird der mittel‑
alterliche Geist des unabhängigen Adels zu Grabe getragen;
eine neue Weltordnung macht sich geltend, und der Ein‑
zelne ist nur ein Spielball in den grossen Bewegungen
jener Epoche, mag seine Persönlichkeit noch so bedeutend,
sein Vermögen noch so gross sein. Auch Warwick ist nur
ein Nichts im Strome der weltentrennenden Jahre; bald
sollten neue Fragen entschieden werden, zu denen man nicht
das Schwert des normännischen Rittersmannes, sondern den
Kopf des freisinnigen Humanisten brauchte. Allein in ihm
lag der Stoff zu mehr, denn einem blossen Feudalherrn;
wäre er auf dem Throne geboren worden, er hätte seinem
Lande grosse Dienste leisten können. So war er bei aller
genialen Veranlagung gezwungen, für eine verlorene Sache
kämpfend unterzugehen; aber nicht der vierte Eduard,
nein, der Geist des Jahrhunderts sollte den kühnen Mann
fällen, der in den Augen der Nachwelt als glänzendster
Vertreter der grossen Barone Englands dasteht. Noch
aber war die Zeit zum Handeln nicht gekommen; man
musste warten, bis die Dinge reif wurden, und zweierlei
hatte der unruhige Edelmann in der Schule der beiden
Ludwige gelernt: Verstellung und Geduld.

Achtes Kapitel.

Seit dem Falle von Banborough hatte man in England nichts mehr von Margareta, der Gemahlin Heinrichs VI., gehört, was den Anschein erwecken konnte, als habe die herrschsüchtige Frau den Gedanken an eine Wiedererlangung des Thrones aufgegeben. Von Zeit zu Zeit hatte man wohl einen Boten mit Briefen an lancastrische Lords aufgegriffen, aber die Regierung schien nicht mehr zu befürchten, dass die Königin von ihrem lothringischen Schloss aus dem Hause York Schaden zufügen konnte. Allein Margareta hatte ihre für England so verderbliche Rolle noch nicht ausgespielt; wieviel tapfere Männer auch für den Sohn Heinrichs V. geblutet hatten, das Jahr 68 sollte neue Opfer für die lancastrische Herrschaft bringen. Ein Bote der Fürstin war entdeckt worden; auf der Tortur verriet er seine Mitschuldigen, unter denen 3 adlige Herren waren, und eine Commission trat zusammen, um das Urteil zu fällen. Warwick und Clarence sassen unter den Richtern [1]; so kam es, dass nur 2 zum Tode verurteilt worden, während der dritte, Sir Thomas Cook, seines Vermögens verlustig ging [2].

Um dieselbe Zeit war Jasper Pembroke in Wales mit einer Anzahl Truppen gelandet und hatte versucht Harlech, das Lord Herbert belagerte, zu entsetzen. Als ihm dies nicht gelungen war, hatte er die Stadt Denbigh eingeäschert; von den Yorkisten jedoch in offenem Felde geschlagen, musste er sich zurückziehen, und die Flucht gelang mit Hilfe des ihm wohlgesinnten Landvolkes [3]. Kurz darauf kapitulierte auch Harlech; nur noch 50 Mann waren von der tapferen Besatzung am Leben, und Lord

---

[1] Stow, Survey I. 61.
[2] W. Worc. 515/16. Fabyan 656. Hist. Coll. 237. Warkw. 5 Three F. C. Chron. 182.
[3] W. Worc. Hist. Coll. s. l.

Herbert mag wohl gedacht haben, dass die grossen Kosten der Belagerung nicht im Verhältnis zu diesem Erfolge standen[1]). Von den Gefangenen liess Rivers, der neue Counstable, nur 2 hinrichten; die anderen kamen mit dem Leben davon[2]), froh, dass John Tiptoft die Würde des Oberrichters an den Earl abgegeben hatte[3]).

Der Sieg über die kleine Schar von Herlech war nicht im Stande, die Fehler aufzuwiegen, welche das Cabinet in der Verwaltung und in der Politik an anderer Stelle gemacht hatte. In Irland suchte Worcester nach Gelegenheit, auch ohne richterliches Amt seinen Blutdurst zu stillen. Thomas Fitzgerald Desmond, ein Mann, der einst Richard von York viel Gutes erwiesen hatte, vertrat seit 1462 den Vicekönig in Dublin[4]). Auf die Nachricht eines drohenden Aufstandes hin war Tiptoft an Desmonds Stelle gesetzt worden[5]), und sein erster Regierungsakt bestand darin, dass er seinen Vorgänger im Amt in Acht erklärte und hinrichten liess. Sicherlich hatte Fitzgerald mit den aufrührerischen Iren nichts gemein gehabt; aber man wusste, dass er zwei Jahre vorher dem König den Rat gegeben, seine Ehe mit Elisabeth aufzulösen, und das Volk erkannte in der harten Strafe den mächtigen Einfluss der rachsüchtigen Königin[6]).

In England selbst wurde die Eigenmächtigkeit der hohen Justiz gleich drückend empfunden, und es schien, als ob Rivers gesonnen sei, Worcester an Strenge zu übertreffen. Seit Montagus letztem Feldzug hatte man nicht so viel von Verhaftungen und Hinrichtungen gehört, als im Jahre 1468; jeder Mann von Rang war einem Hochverratsprozess auf grundlose Beschuldigung hin ausgesetzt.

---

[1]) 150000 Mark waren dafür ausgegeben worden. Issue Rolls, Easter and Michaelmas 9, Edward IV.
[2]) W. Worc. 517. Hist. Coll. 237.
[3]) Am 24. VIII. 1467. Rym. XI. 581.
[4]) Cusack 689.
[5]) Cusack 607.
[6]) Cusack 608. W. Worc. 513. Gilbert, Viceroys 376—86. cf. Rot. Parl. VI. 228.

Unter den Verdächtigen befanden sich Sir Thomas Tresham, der Earl of Oxford, Courtenay und Hungerford; die beiden ersteren wurden wieder freigelassen, während die anderen am 16. Januar 1469 in Salisbury verhört wurden[1]). Die Namen der Richter bildeten eine genügende Erklärung für das Todesurteil: Richard von Glocester, Anthony Woodville, Southwick, Audley und Arundel! Von dieser Jury war keine Gerechtigkeit zu erhoffen gewesen[2]).

Und nicht allein unter den Hohen der Nation, sondern auch im Bürgerstande fielen unschuldige Opfer der reactionären Rechtspflege. Die Prozesse wegen Majestätsbeleidigung häuften sich, und die Fälle, in denen harmlose Männer, wie Walker und Burdett, für falsch gedeutete Äusserungen bluten mussten, erregten den Unwillen der Londoner[3]). Seitdem der furchtlose Markham, der sich durch Cook's Verteidigung die Ungnade des Königs zugezogen hatte, dem charakterlosen Thomas Billing hatte weichen müssen, war jegliches Verfahren zu einem farcenhaften Spiel herabgesunken[4]).

Wohl war es bezeichnend für die Unfähigkeit des Ministeriums, dass es seine ganze Aufmerksamkeit den Complotten von geringer Tragweite und vermeintlichen Nörglern gegen die Majestät zuwandte, während es die mächtige Bewegung der Entrüstung, die sich allmählich über ganz England verbreitete, übersah; aber die Misserfolge in der äusseren Politik sprachen noch lauter für den gänzlichen Mangel an Einsicht, der in jenen Tagen, an Suffolks Unfähigkeit mahnend, in Westminster herrschte.

Von Karl dem Kühnen in seinem Begehr unterstützt[5], hatte Herzog Franz von Bretagne den König Eduard IV. um 4000 Mann englischer Hülfstruppen ersucht[6]), und am

---
[1]) Past. Lett. II. 336. Plumpton Corr. 18—20. Fabian 657 Hist. Coll. 237.
[2]) Past. Lett. II. 338. n. Rot. Parl. VI. 306.
[3]) Campbell. I. 143,44, 150 cf. Foss. IV. 412.
[4]) Campbell I. 144.
[5]) Taillandier II. 106.
[6]) Morice III. 169—72.

3. August war ein Vertrag zustande gekommen, dem die Entsendung von 3000 Mann auf gemeinsame Kosten und unter der Bedingung, dass die etwa eroberten Gebiete an England fielen, zu Grunde lag; Mountjoy sollte das Heer, Rivers die Flotte befehligen[1]). Aber Ludwig kam einer Landung der englischen Truppen zuvor, indem er mit Franz den Frieden zu Ancenis schloss[2]), und Anthony suchte vergebens den wankelmütigen Herzog der Bretagne zur Erfüllung des Vertrages zu bewegen. Auch eine Recognoscierungsfahrt nach Harfleur, wo man Margareta vermutete, verlief resultatlos, und ebenso vergeblich suchte Rivers Sohn auf hoher See die Spuren einer neuen lancastrischen Flotte[3]).

Es hatte den Anschein, als ob man am Hof nicht gesonnen war, Warwick weiter in Berechnung zu ziehen; die furchtbare Gegnerschaft des Mannes, der jederzeit als Feldherr Lancasters oder Führer grosser Volksmassen auftreten konnte, wurde sichtlich unterschätzt. Ob die Gebeine des heiligen Thomas Blut schwitzten, oder ob der fromme Mann nach seinem Tode noch Wunder verrichtete[4]), war eine wichtigere Frage für den Kreis Eduards IV. geworden, als die Pläne des grossen Grafen. Der König hatte seinen Vetter in früheren Jahren so oft getäuscht, und jedesmal war Warwick in das Netz des Arglistigen geraten; jetzt merkte Eduard nicht, dass der erbitterte Baron die Fäden zu seinem Verderben enger und enger zog. Seine Vertrauensseligkeit war so gross, dass er die geheimen Agenten des Earls zu diplomatischen Verhandlungen auf dem Continent benutzte[5]). So grosser Leichtsinn musste sich rächen; und Warwick, der der wachsenden Erregung des Volkes mit Befriedigung zusah, traf

---

[1]) Rym. XI. 626, 628; der Vortrag war auf 6 Monate geschlossen. cf. Devon, Issues, App. 492.
[2]) Taillandier II. 106. Comines-L. III. 9, 22.
[3]) Rym. XI. 630. W. Worc. 518. Three F. C. Chron. 182.
[4]) Stubbs III. 211 cit. Chron. Abbrev. 10; C. Antiq. Soc.
[5]) Rym. XI. 645. Issue Rolls, Pells, Easter 9, E. IV.

ungehindert seine Vorbereitungen zum Kampf. Um den Feind in Sicherheit zu wiegen, besuchte er von Calais aus den Herzog von Burgund und Margareta von York in St. Omer und Ardres, und der Eindruck einer vollständigen Versöhnung der Vettern musste an Umfang gewinnen[1]). Da kam wie ein Blitz aus heiterem Himmel die Nachricht nach London, dass Papst Paul den Consens erteilt habe, und George von Clarence mit Isabella Nevil vor den Altar getreten sei. Anfang Juli waren der Herzog und der Erzbischof von York nach Calais gesegelt, und am 11. hatte die Trauung in derselben Kirche stattgefunden, in welcher einst Warwick und sein Vater mit Eduard von York Gott für die Rettung aus Feindes Hand gedankt hatten[2]). Diesmal war der König überlistet worden, und die Befürchtungen, welche er wegen der Heirat geäussert hatte, sollten sich nur als zu begründet erweisen[3]). Nur fünf Tage waren dem jungen Brautpaar vergönnt gewesen, dann eilten die Nevils mit ihrem neuen Verbündeten nach England zurück. Bekanntem Muster zufolge hatten sie ein Manifest vorausgesandt, indem sie ihre Anhänger aufforderten, am 16. Juli in Canterbury einzutreffen, um dem Könige einige „vernünftige und nützliche Artikel in einer Petition vorzulegen"[4]). Genau so hatte die Verschwörung Jack Cades begonnen; genau so hatte Herzog Richard seine 3 Aufstände eingeleitet; die Regierung konnte sich über die Gefahr der Situation nicht mehr hinwegsetzen. Auch die Vorwürfe gegen die Minister waren dieselben geblieben, und wohlberechtigt waren die Anklagen. Schrankenlosen Nepotismus warf man Eduard und seinen Ratgebern vor, wie einst den Günstlingen der lancastrischen Königin; allein so gross war die Habsucht der Suffolks und Somersets nie gewesen, wie jetzt die der Woodvilles,

---

[1]) Comines-L. II. 193. Waurin-D. II. 401.
[2]) Waurin-D. II. 403. Warkw. 6. Dugdale II. 162. Thoyras IV. liv. XIII. 237.
[3]) Hearne 300. W. Worc. 511.
[4]) Die Artikel sind enthalten in Warkw. nn. 46–49.

die alles an sich zu reissen trachteten. Noch war die Heirat zwischen dem Knaben und der greisen Herzogin nicht vergessen, da hatte Eduard den Einfall gehabt, die Stelle des verstorbenen Priors von St. Johann durch seinen Schwager Richard, ein Kind, das in keinem Verhältnis zum Klerus stand, besetzen zu lassen[1]). Auch die Klagen über die Parteilichkeit des Gerichtswesens konnten durch zahlreiche Beispiele belegt werden, und in den meisten Fällen hatten die Hofleute den Nutzen der Willkür-Justiz gehabt; so eignete sich Rivers das Haus von Thomas Cook[2]), Southwick Courtenays Grafschaft Devon[3]) an. Dazu gesellte sich die stehende missgünstige Kritik der königlichen Finanzwirtschaft; sogar in Mailand wusste man, dass Eduard nur mit Mühe das Geld zu Margaretas Aussteuer beschafft hatte[4]); trotzdem wurde dem Monarchen vorgeworfen, er habe die Münze verschlechtert und sich auf Kosten des armen Mannes bereichert. Dieselben Männer, deren Entlassung Warwick schon vor zwei Jahren vergebens gefordert hatte, die Woodvilles, Herberts, Andley und Southwick, wurden als Urheber der schlimmen Zustände geschildert. Der Form nach glich das Manifest eher einer Bittschrift[5]), als einem Drohschreiben; aber die Erwähnung der drei Könige Eduard II., Richard II. und Heinrich VI., die sämtlich durch ihre nächsten Verwandten gestürzt worden waren, besagte wenig Gutes für den herrschenden Fürsten. Durch das Unglück seines Vorgängers gewitzigt, musste Eduard merken, dass der Kampf auf Tod und Leben begonnen hatte.

Die revolutionäre Bewegung hatte sich nicht auf den Süden beschränkt, und noch ehe der erste englische Magnat in Suffolk und Kent die Bauern zu den Waffen rief, warteten im Norden die Landleute von York und Lancashire

---

[1]) W. Worc. 517.
[2]) Stow, Survey, I. 61.
[3]) Warkw. 6.
[4]) State Pap. I. Nr. 414.
[5]) Three F. C. C. 182.

auf sein Geheiss zum Ausbruch der Feindseligkeiten. Ein Mann von dem Schlage Jack Cades, Robin von Reddesdale, führte die Rebellen, und hohe Herren, wie Sir John Coniers[1], und die Söhne der Lords Fitzhugh, Latimer, Dudley[2] hatten durch ihren Beitritt der Empörung neue Bedeutung verschafft.

Wie um die Not Eduards zu vergrössern, entstand um dieselbe Zeit ein dritter Aufstand, der, obwohl von den Nevils angeregt[3], einen entschieden lancastrischen Anstrich gewann. Den Anlass der Fehde bot ein Streit zwischen dem St. Leonards-Hospital und einigen benachbarten Gutsbesitzern; seit dem 10. Jahrhundert war eine Bestimmung in Kraft gewesen, gemäss welcher der Prior ein Anrecht auf ein Schock Garben von jedem Acker in Lancaster, York, Cumberland und Westmoreland hatte; jetzt protestierten die Pächter gegen das alte Herkommen, welches der sechste Heinrich noch ausdrücklich bestätigt hatte[4], und griffen zu den Waffen; ihr Führer war Robert Hillyard, wie sein Namensvetter aus Suffolk eine mysteriöse Persönlichkeit; zum Unterschiede nannte er sich Robin of Holderness[5]. Im Programm des Bauernführers war die Forderung enthalten, dass die Percies[6] ihre alte Grafschaft Northumberland wieder bekämen; dadurch aber sah sich Montagu in seinen Rechten bedroht. Er trat aus seiner unthätigen Stellung heraus, und nachdem er die Rebellen, die schon vor den Thoren Yorks standen, in die Flucht geschlagen hatte, liess er ihren Anführer hinrichten. Des Leiters beraubt, zog sich die Masse der Aufständischen

---

[1] Warkw. 45 und Leland, Coll. I. II. 501 nehmen die Identität von Robin und Coniers an.

[2] Sie waren Verwandte Warwicks. Warkw. n. 45. Hall 273.

[3] 1457 war George Nevil „warden of St. Leonards" geworden! Cott. Ms. Vesp. F. XIII. 36. Warkw. 6 hält auch die Nevils für die Unruhestifter.

[4] Stat. of Realm. II. 217.

[5] Polyd. Verg. 122. Three F. C. C. 183.

[6] Henry Percy, der rechtmässige Erbe, war seit 1461 gefangen; am 29. Okt. 1469 erhielt er seinen Besitz zurück. Collins. II. 375.

nach dem Lager Robins von Reddesdale, um gemeinsam mit diesem Warwicks weitere Bewegungen zu unterstützen.

Selten wohl hatte eine gefährliche Revolte einen Fürsten so gänzlich unvorbereitet gefunden, wie die jetzige Eduard IV. traf. Der König hatte einen Teil des Frühjahrs in Windsor verbracht, und dort eine Reihe glänzender Feste gefeiert. Am 13. Mai versammelten sich die Ritter des Hosenbandordens und Karl der Kühne hatte den Platz im Ordenscapitel erhalten, der durch Warwicks Ausscheiden vacant geworden war[1]; eine Woche später wurde Courtenays Mörder feierlich mit seinen Besitzungen in Devonshire belehnt[2]. Der Juni war durch eine Pilgerfahrt zur heiligen Jungfrau von Walsingham und eine militärische Inspektionsreise ausgefüllt worden; neue Aushebungen aber waren nicht erfolgt[3]. Am 5. Juli wurden die Gerüchte von der nördlichen Rebellion so drohend, dass es der König, dem es an persönlichem Mut sicherlich nicht gebrach, für geraten fand, nach Nottingham zurückzukehren und dort den weiteren Verlauf der Dinge abzuwarten. Thomas Mongomery erhielt den Befehl, Clarence, Warwick und George Nevil zu Hofe zu bescheiden, aber anstatt der drei Pairs traf die Nachricht von der Trauung in Calais und dem Aufbruch Robins ein.

Jetzt that Eile not; Southwick und Pembroke zogen ihre Truppen zusammen und vereinigten sich bei Cottishold[4]; es wäre ihnen sicherlich auch nicht schwer gefallen, die Aufrührer zu besiegen, aber am Vorabend der Schlacht bekamen die beiden Earls wegen der Quartiere und eines hübschen Mädchens Streit, und Devon zog mit seinen Bogenschützen ab. Pembroke, der sich zu schwach fühlte, um allein etwas ausrichten zu können, wollte den König erwarten; aber seine Walliser, durch Prophezeiungen einer Wiederherstellung ihrer einstigen Freiheit angestachelt,

---

[1] Comines-L. III. 99. Beltz CLXIV.
[2] Past. Lett. II. 351.
[3] Past. Lett. II. 353—61. Hist. Croyl. 512.
[4] Hall 273. Pol. Verg. 123.

zwangen ihn zum Angriff[1]). Bei Edgecote, in Northamptonshire, kam es zum Treffen.

Pembroke und sein Bruder, Sir Richard Herbert, waren tapfere Männer, und fast hätte der Heldenmut der beiden Edelleute die Schlacht gegen die Nordischen entschieden; aber ein Zufall wandte den anfänglichen Vorteil der Königlichen zum Verlust: ein neuer Trupp erschien im Felde mit dem Bären im Banner, und der unheimliche Ruf „a Warwick, a Warwick!" tönte über den Kampfplatz. Die Schar bestand aus Bauern von Northampton, allein die Walliser meinten, der grosse Earl sei selbst gekommen, und ergriffen in ihrem Schrecken die Flucht. Beide Teile hatten Verluste erlitten; 168 Vornehme von Wales waren gefallen, während auf der anderen Seite Coniers, Sir Henry Neville und Sir John Sutton unter den Toten gefunden wurden[2]).

Der Tag der Rache war für Warwick gekommen, und mit unerbittlicher Strenge ging er gegen seine alten Feinde vor. Am 26. Juli fielen die Häupter der beiden Herberts in Nordhamptom auf dem Schaffot[3]); am 12. August wurden Rivers und sein Sohn John Woodville in Kenilworth hingerichtet[4]). Das gleiche Schicksal erfuhr wenige Tage später der Earl von Devonshire in Bridgewater[5]). Mit Recht legten die Zeitgenossen dem Grafen diese blutigen Thaten zur Last; denn Clarence hatte nie eine eigene Meinung gezeigt. Aber das fünfzehnte Jahrhundert wusste nichts von christlicher Duldsamkeit, nichts von Milde, nichts von sittlichen Begriffen; die Enthauptung des Gegners entsprach dem Zeitgeist und im ganzen politischen Leben gaben die Lehren Macchiavell's und die venetianische Weis-

---

[1]) Hist. Croyl. 543.
[2]) Hall 273/74. Warkw. 6 und nn.
[3]) Three F. C. C. 183 „hic W. Harberd, pravissimus et oppressor et spoliator ecclesiasticorum et aliorum multorum per multos annos ... sceleribus et nequiciis recepit mercedem". Collins III. 113.
[4]) Waurin-D. II. 406; nach Arch. XXIX. 132/33 wurden Rivers und Devon erst im Sept. getötet.
[5]) Warkw. 7. Fragm. 301.

heit den Ton an. Zudem hatte Warwick, besser denn jeder Andere, aus den Rosenkriegen die Erfahrung schöpfen können, dass die Schicksale der Menschen nie zu bestimmen waren, und nur die Toten allein nicht wiederkehrten.

Eduard IV. war kurz nach dem Treffen bei Edgecote unweit von Kenilworth in die Hände seiner Feinde gefallen[1]); und wieder befanden sich jetzt zwei Könige in der Gewalt der Nevils. Aber wie vor Jahren Margaretas Günstlinge ratlos gewesen, da sich Richard von York in ihrer Gewalt befand, so wusste jetzt Warwick nicht, was er mit seinem erlauchten Gefangenen beginnen sollte. Er hatte ihn unter des Erzbischofs Aufsicht gestellt, und dieser schleppte ihn, offenbar auf seines Bruders Geheiss, von Kenilworth nach Coventry, von Coventry nach Warwick, von Warwick nach Middleham[2]). Zuerst hatte der Monarch, als man ihn in Olney fand, mit zornigen Worten die königliche Würde zu wahren gesucht; allein trotz der ehrerbietigen Begrüssung hatte er bald gemerkt, dass er in Wahrheit ein Gefangener sei[3]). Hülfe war nicht zu erwarten; die alten Freunde lagen unter der kühlen Erde, und er hing von der Gnade eines Mannes ab, den er soeben schwer gekränkt hatte.

Warwick jedoch schien unschlüssig; er bedachte, dass alle bisherigen Schritte unter dem Vorbehalte der Loyalität geschehen waren; eine Absetzung Eduards, die ihm vorgeschwebt haben mochte, war zur Zeit undurchführbar, und man konnte unschwer wahrnehmen, dass trotz aller seiner Fehler der leutselige Monarch, der es nicht verschmähte, Gevatter Schneider und Handschuhmacher bei einem guten Trunk Bescheid zu thun, ungleich beliebter war, als der fromme Einsiedler, der im Tower seine Gebete aufsagte. Ein zufälliger Umstand gab dem Sinnenden den Ausschlag; als er zur Unterdrückung einer lan-

---

[1]) Hist. Croyl. 551. Hall 275. Kirk II. 19. Fox 810. Swallow 187. Leland, Coll. I. p. II. 501.
[2]) Past. Lett. II. XLX. Rym. XI. 697. Rot. Parl. VI. 193.
[3]) Pauli V. 385.

castrischen Empörung Truppen sammeln wollte, da gelang es ihm nicht, in der Eile die nötigen Mannschaften aufzubringen, und erst, als er den König vor allem Volk in York erscheinen liess, strömten die Freiwilligen dem Banner der weissen Rose zu[1]).

Die Lancastrier standen unter dem Befehl Sir Humphrey Nevils, eines Mannes, der seit 1460 ununterbrochen in der Obstruktion gegen das neue Herrscherhaus geblieben und mit Erfolg zu wiederholten Malen die königlichen Truppen bekämpft hatte[2]). Jetzt sollte ihn das Schicksal ereilen; nach kurzem Treffen wurde er von Warwick gebracht, der ihn mit seinem Bruder in York hinrichten liess. Kaum waren die letzten Spuren des Aufstandes unterdrückt, da erlangte auch Eduard seine Freiheit wieder[3]); der Erzbischof begleitete ihn ein Stück Weges nach der Hauptstadt und wirkte einen Generalpardon für alle, die am Sommerfeldzug beteiligt waren, aus.

Am 13. Oktober 1469 traf der König, begleitet von Glocester, Suffolk, Essex, Arundel, Hastings, Mountjoy, Dacre, Buckingham und Northumberland in London ein; George Nevil, misstrauisch wie immer, war auf seinem Landsitz in Hertfordshire zurückgeblieben[4]): auch Oxford, rechtzeitig gewarnt, hielt sich fern vom Hofe. Mit gewohnter Ehrerbietung nahmen die Behörden der City den König und sein Gefolge auf; nichts schien zu verraten, dass Eduard noch vor kurzem ein Gefangener gewesen; nicht einmal einen Ministerwechsel hatte Warwicks Rebellion zur Folge gehabt; nur Rivers musste ersetzt werden[5]).

Welches auch die Pläne gewesen sein mögen, die Richard Nevil vorgeschwebt hatten, als er im Juli 1469

---

[1] Warkw. 7. Hist. Croyl. 551,52.
[2] Rot. Parl. V. 478, 80; 511. Nottingh. Rec. II. 211. u. 3.
[3] Ohne Zweifel hat Warwick seine Zustimmung gegeben; cf. Kirk II. 19. Swallow 188; dag. Leland. Coll. I. p. II. 501 „wher. be fair Wordes and Promises, he escapid owt of the Bishops Hand".
[4] Past. Lett. II. 389.
[5] Sir John Langstrother, ein früherer Lancastrier, trat an eine Stelle.

Calais verliess — der Erfolg war wider Erwarten gering gewesen. Wohl konnten die neuen Würden, die er jetzt an Pembrokes Stelle bekleidete[1]), seinem Stolze schmeicheln; wohl mussten die zahlreichen Verluste der Hofpartei seine Rache befriedigt haben; aber in der Hauptsache hatte sich nichts geändert. Eduard IV. war König geblieben, und die Absicht Warwicks, die frühere Stellung im Rate des Monarchen einzunehmen, war missglückt; an Stelle der Herberts, Rivers und Devon traten jetzt die Hastings, Dacre und Arundel. Die Kluft zwischen dem Fürsten und dem mächtigen Unterthan hatte sich erweitert, und Pembrokes, wie Rivers Tod konnte nicht vergessen werden. Keine Partei hatte einen entscheidenden Vorteil aufzuweisen; aber der Hass war stärker geworden und musste zum Fortgange des Streites zwingen. „The Kyng hymselffe", schreibt ein Correspondent der Pastons um jene Zeit[2]), „hathe goode langage of the Lords of Clarence and Warwick and of my Lords of York of Oxenfford, seying they be hys best frendys, but his howselde men have other langage;" selbst der glattzüngige Eduard konnte seine Umgebung nicht über den Ernst der Lage hinwegtäuschen.

Neuntes Kapitel.

Im November 1469 fand in London eine Staatsratssitzung statt, an welcher sowohl die Mitglieder der Hofpartei, wie auch Warwick und Clarence, teilnahmen[3]).

---

[1]) Rym. XI. 647; am 17. August war er „Chief Justice and Chamberlain of South-Wales, Constable of Carmarthen and Cardigan Castle" etc. geworden. cf. Collins III. 111.
[2]) Past. Lett. II. 382.
[3]) Ramsay II. 317.

Die Verhandlungen gingen in aller Ruhe vor sich, und beide Parteien zeigten sich sichtlich bemüht, den äusseren Schein einer concilianten Gesinnung zu wahren. Eduard erklärte offen, dass er die letzten Ereignisse verziehen habe, und Warwick stimmte für die Einziehung der vom letzten Parlament bewilligten Geldsummen [1]. Dies entsprach nicht ganz den Klagen seines Manifestes über hohe Besteuerung, aber durchaus dem Wunsch, sich in Kleinigkeiten nachgiebig zu zeigen. In Wirklichkeit war es nur ein geringer Entgelt für den grossen Triumph, den der König den Nevils bereitet hatte: George, der junge Sohn des Earl von Northumberland, war mit Elisabeth von York, der ältesten Tochter des Monarchen verlobt und zum Herzog von Bedford erhoben worden [2]. Der Zweck der neuen Verbindung war klar; Montagu sollte von seinem Bruder getrennt werden durch die verführerische Hoffnung, seinen Sohn auf dem Thron sehen zu können. Das Gefühl persönlicher Zuneigung mochte zum Zustandekommen des unerwarteten Bundes beigetragen haben; ausschlaggebend aber war die politische Rücksicht, und in den Konflikten der Folgezeit zeigte es sich, wie schwer Montagus neue Beziehungen seine Wahl zwischen Eduard und dem Bruder gestalten musste.

Auch in einem anderen Punkte trat er für des Königs Interesse ein; neue Anklage der Hexenkunst war gegen die Herzogin von Bedford erhoben worden, und die Unvernunft des Zeitalters sprach aus dem Gerücht, Jacquetta habe dem Monarchen einen Zaubertrank eingeflösst. Vor dem Staatsrat trat Warwick als Zeuge für die Unschuld von Rivers Wittwe ein, und die Herzogin ward freigesprochen [3]; im Volke aber glaubte man weiter an die bösen Künste der einflussreichen Frau, und kein Mensch war vernünftig genug, einzusehen, dass nicht die Mutter,

---

[1] Rot. Parl. VI. 233. Hist. Croyl. 552. Fabyan 657. Warkw. 7. Chron. Linc. I. 5.
[2] Lords Rep. App. V. 377 cf. 409.
[3] Rot. Parl. VI. 232.

sondern die Tochter die Zauberin gewesen, welche Eduards Herz bethört hatte.

Um dieselbe Zeit, da die alten Beziehungen zwischen den Yorks und Nevils wieder an Festigkeit zu gewinnen schienen, war in Lincolnshire ein Aufstand ausgebrochen; die Ursache war auf einen geringfügigen Streit zwischen Lord Welles und Thomas de Burgh zurückzuführen[1]). Die Angelegenheit kam dem König zu Ohren; da de Burgh am Hof zahlreiche Freunde hatte, und die Willoughbys als alte Lancastrier mit Misstrauen beobachtet wurden[2]), war Eduards Parteinahme für Sir Thomas leicht erklärlich. Er liess Welles zu sich bescheiden und dieser kam auf die Zusicherung freien Geleites, mit seinem Schwager, Sir John Dymock, nach London[3]). Während nun der König damit beschäftigt war, die Dinge zu Gunsten de Burghs zu ordnen, liess Warwick durch seine Emissäre in der Grafschaft Lincoln das Gerücht verbreiten, Eduard werde die Friedensbrecher äusserst streng bestrafen[4]). Nun erhoben sich die Landleute mit einem Schlag, und die Nachrichten über den Umfang der Bewegung wurden so drohend, dass der Monarch beschloss, selbst auf den Kriegsschauplatz zu eilen. So sehr hatte ihn die Rebellion aus seiner gewohnten Fassung gebracht, dass er die Gefahr, die ihm von anderer Seite drohte, gänzlich übersah, und George Clarence hatte es verstanden, ihn in Sicherheit zu wiegen. Arm in Arm waren beide Brüder nach St. Paul gewandert, um ihre Einigkeit vor allem Volke zu zeigen; dann war der arglose Fürst den Truppen der Willoughby entgegengezogen, und Warwick und Clarence standen jetzt im Rücken des Königs, bereit, jeden Augenblick mit den Rebellen gemeinsame Sache zu machen. Am 5. März hatte

---

[1]) Warkw. 8.
[2]) Lord Welles' Vater war bei Towton gefallen. Collins. Supplt. 116.
[3]) Chron. Linc. 6 „whiche were come thidre by the Kinges prive scales"; die Tendenz ist leicht ersichtlich.
[4]) Exc. Hist. 283. Chron. Linc. 6. Leland, Coll. I. p. II. 502 bezeichnet Warwick als Anstifter der Empörung.

Eduard die Hauptstadt verlassen; 3 Tage später trafen zwei Briefe für ihn ein, der eine von Clarence, der mit Warwick zu Hülfe zu eilen versprach, der andere von Lord Cromwell mit so drohenden Nachrichten über das Aufstandsgebiet, dass der Monarch beschloss, am selben Tage Welles und Dymock hinrichten zu lassen. Bei Eppingham, unfern von Stamford, stiess er auf die Rebellen, die anstatt zu kämpfen, ihr Heil in der Flucht suchten. Sir Robert Willoughby entrann den Verfolgern, aber ein Bruder seines Vaters wurde gefangen genommen und zum Tode geführt[1]).

Inzwischen war Eduard allmählich misstrauisch geworden; Warwick und Clarence, die versprochen hatten, ihn am 12. in Leicester zu treffen, liessen nichts von sich hören[2]); bei der Flucht der Aufständischen hatte man Leute in den Farben des Herzogs gefangen genommen, und der Name der Beiden war als Schlachtruf erklungen. Der König sandte einen Boten nach Coventry, wo man Warwick und Isabellas Gatten vermutete; er liess seinen Verwandten mitteilen, dass er sie zwar mit einer standesgemässen Eskorte, aber ohne ihre Truppen erwarte[3]). Der Mann traf die zwei Lords auch in Coventry und beide versicherten, dass sie auf dem Wege zum König seien; statt diesem entgegenzugehen, wandten sie sich jedoch nach Burton-upon-Trent. Solch langes Zögern musste nach Verrat aussehen; und Eduards Verdacht ward bestätigt, als der eben gefangene Willoughby offen zugab, dass Warwick mit der Absicht umgehe, Clarence zum Herrscher zu machen[4]). Gleich darauf meldeten Spione, dass Lord Scrope auf Geheiss der Nevils in der Gegend von Holderness einen

---

[1]) Exc. Hist. 284 ff. Chron. Linc. 6—10. Fabyan 658. Hall 277 Hist. Croyl. 553. Rot. Parl. VI. 144. Warkworth. 8. Past. Lett. II. 395.

[2]) Warwick scheint ganz unschlüssig gewesen zu sein, auf welche Weise er Eduard entthronen konnte; s. Past. Lett. II. 391. Rym. XI. 652. Waurin-D. III. 8. Chron. Linc. 6—8.

[3]) Chron. Linc. 9—11.

[4]) Exc. Hist. 281: „to theutent to make the duc of Clarence king."

neuen Aufstand hervorgerufen habe¹). Zur Entscheidung
gedrängt, liess der König den Peers das Ultimatum über-
bringen: er versprach Gnade walten zu lassen, verlangte
aber unverzügliches Erscheinen²). Da warfen Richard und
George die Marke ab: sie erklärten offen, dass sie nicht
im Sinn hätten, der Vorladung zu folgen, und als Eduard
in Chesterfield ankam, da erfuhr er, dass die beiden Edelleute
nach Manchester geflohen waren³); augenscheinlich hatte
es Warwick für sicherer gehalten, nach dem Süden zu
gehen, um sich mit seinem Schwager Stanley zu vereinigen
und den Weg nach Calais offen zu halten.

Der Mangel an Lebensmitteln und andere Gründe
hielten den König vorläufig von einer Verfolgung ab; er
beschloss nach York zu gehen, und dort die Treue der
Nordischen zu prüfen⁴). Lord Scrope, Coniers⁵) und Montagu fanden sich auf sein Geheiss ein; letzterer gestand
auf Befragen, von den Plänen seines Bruders Kenntnis
gehabt zu haben; Eduard verzieh ihm⁶), und da er auf
seinen Beistand im Norden zählte, machte er ihn zum
Marquis⁷); seine Grafschaft Northumberland aber nahm
er ihm, um sie dem Erben der Percies zu Lehen zu geben⁸).
Nachdem er so die Gewissheit erlangt hatte, dass Warwick
und Clarence die einzigen Leiter des neuen Aufstandes
waren, wandte er ihnen seine ganze Aufmerksamkeit zu.
Sie wurden zum letzten mal vorgeladen; falls sie bis zum
28. nicht erschienen, sollten sie als Verräter ergriffen und
gegen hohe Belohnung ausgeliefert werden⁹).

Der Earl und sein fürstlicher Genosse verspürten keine
Lust, den vom König angedeuteten Weg zu beschreiten;
aber auch die erhoffte Hülfe aus den südlichen Grafschaften

---

¹) Waurin-II. V. 595.
²) Chron. Linc. 12/13. Rot. Parl. VI. 233.
³) Chron. Linc. 13—15.
⁴) Chron. Linc. 16/17. Hall 278.
⁵) Waurin-D. III. 18.
⁶) Chast. V. 449, 500.
⁷) Chron. Linc. 12. Past. Lett. II. 395. Lords Rep. App. V. 378.
⁸) Collins II. 375.
⁹) Warkw. nn. 53—59. Rym. XI. 654/55.

liess sich nicht blicken. Stanley hatte jegliche Teilnahme
an der Empörung abgeschlagen[1]), und der grossen Masse
des englischen Volkes war es nachgerade gleichgültig geworden, welche Partei in Westminster die Übermacht besass. Sicherlich schien George von Clarence nicht der
geeignete Mann für den Thron zu sein; er hatte die schlechten Eigenschaften seines Bruders in vollem Masse aufzuweisen; aber seine Unentschlossenheit, sein schwankender
Sinn, seine grosse Jugend und der Mangel an jeglicher
Erfahrung sprachen nicht dafür, dass er ein besserer Fürst,
als sein Bruder, werden würde. Man musste das kleinere
von zwei Übeln wählen, oder sich gänzlich dem Kampf
entziehen.

Jetzt begann Warwick einzusehen, dass er einen unverzeihlichen Fehler begangen hatte, als er den König aus
der Gefangenschaft entliess; wenn er gleich nach der Niederlage der Herberts seinen Schwiegersohn zum Herrscher
ausgerufen hätte, dann wäre dem Kriege ein rasches Ende
bereitet worden. Jetzt lag sogar die Gefahr nahe, dass
Eduard, der am 27. York verlassen hatte, ihn überraschen
konnte; daher schien es für den Augenblick am geratensten, nach Frankreich überzusetzen und von dort aus zu
gelegener Zeit einen Einfall zu wagen. Als der Monarch
am 14. April in Exeter anlangte, waren die Flüchtlinge
schon von Dartmouth abgesegelt. In Southampton versuchten sie vergeblich die „Trinity", ein früheres Schiff des
Earls, zu kapern, und steuerten dann auf Calais zu, nachdem sie 20 Männer von Rang verloren hatten, gegen die
Worcester mit gewohnter Grausamkeit verfuhr[2]).

Vor Calais harrte eine bittere Enttäuschung der Ankömmlinge; die Stadt, die so lange Jahre hindurch dem
Earl Treue bewahrt hatte, sperrte ihren Hafen, und Lord
Wenlock, der alte Kriegsgenosse der Nevils, bedeutete Warwick, dass eine Landung unmöglich sei[3]). Der König war

---

[1]) Collins III. 42.
[2]) Hist. Croyl. 553. Warkw. 9. Hall 278. Fabyan 658.
[3]) Waurin-D. III. 29/30.

mit strengen Massregeln zuvorgekommen, und der Platzcommandat Duras wagte nicht, ungehorsam zu sein[1]). Calais war von burgundischem Gebiet umgeben und konnte einem combinierten Land- und Seeangriff nicht trotzen; zu dieser Erwägung trat der Umstand hinzu, dass die Besatzung auf die Kaufmannsgilde angewiesen war, welche in Warwick einen Feind der Handelsverträge erblickte[2]). So sah sich der Earl gezwungen, die Geburt seines ersten Enkels auf hoher See zu erwarten; aber um sich zu rächen, zerstörte er eine Unzahl Schiffe, die unter Karls Flagge segelten, und als er am 5. Mai in Honfleur landete, führte er eine Menge burgundischer Fahrzeuge mit sich[3]).

Waren schon die Verhältnisse, unter denen er französischen Boden betrat, wenig geeignet, ihm eine freudige Begrüssung von Seiten des französischen Königs zu verschaffen, so war der Moment seiner Landung so ungünstig gewählt, dass Ludwig XI. anfangs geneigt schien, ihn seinem englischen Vetter auszuliefern. Seit Jahren hatte er sich bemüht, die beiden grossen Feudalherren, den Bretonen und den Burgundier, gegeneinander aufzustacheln; eben fand in St. Omer eine Conferenz der Gesandten statt, aus welcher er den längst erhofften Streit zu schüren versuchte, und nun kam dieser unruhige Edelmann dazwischen, wie ein Abenteurer aus der Zeit der Vikinger. Zweimal war er von ihm getäuscht worden, gewiss ohne dass der Graf die Schuld trug; aber würde der Flüchtling das vollbringen können, was dem allmächtigen Minister misslungen?

Ludwig beschloss jedenfalls, sich zu decken; er liess den Damen in Valorgues Quartiere anweisen, teilte Warwick mit, dass er ihn nicht empfangen könne, ehe die

---

[1]) Duras hatte z. Z. Karl den Hosenbandorden überbracht und war mit ihm in Unterhandlung wegen einer gemeinsamen Expedition gegen Ludwig getreten. Waurin II. 399. Ribadieu 455.
[2]) State Pap. I. Nr.
[3]) Waurin-D. III. 28—31. Waurin-H. V. 603/4. Comines-L. I. 149—51; II. 84. Chastellain V. 488. Sismondi, Hist. Franç. XIV. 303. Vaesen IV. 110—114. De la Marche III. 70. Chron. Scandal. I. 239. Haynin II. 153.

burgundischen Schiffe zurückerstattet seien, und behielt sich vor, im Fall Karl Aufklärung verlange, die ganze Schuld auf den französischen Admiral zu schieben[1]). Der Herzog liess auch nicht lange mit seinen Klagen warten; er beschwerte sich beim Parlament, bei einzelnen Städten, beim König selbst: es half nichts, Ludwig blieb taub[2]). Da liess der Burgundier alle französischen Waren auf seinen Märkten mit Beschlag belegen, um durch Repressalien den König zur Nachgiebigkeit zu zwingen[3]); aber Ludwig liess durch seine Gesandten alles, was Karl verlangte, versprechen — und sandte neue Truppen nach der Normandie[4]). Der Herzog verlor endlich die Geduld; er bedachte, dass die Zeit gekommen sei, um mit seinem englischen Schwager und Herzog Franz die Zeiten der „ligue publique" wieder aufzufrischen; kein Augenblick konnte günstiger sein. Man wusste am Hof von Burgund, wie sehr Ludwig über die Verleihung des goldenen Vliesses an Eduard verstimmt war, wie der König darüber zürnte, dass Franz den Michaelorden zurückwies, und Karl in Ghent das Hosenband trug[5]); man rechnete auf einen Versuch der Rache, und war nicht erstaunt, dass von Paris aus die Ankunft der Nevils benutzt wurde, um die benachbarten Höfe in Verlegenheit zu bringen. Aber man war auch bereit, den Angriff zu wagen; vlämische Schiffe erschienen vor Honfleur[6]), und der Herzog von Bretagne befahl 2 Flotten gegen den englischen Seeräuber auszurüsten[7]). Da ward der französische Monarch doch bange; er befahl Montauban, jegliche Feindseligkeit zu unterlassen und ersuchte seine englischen Gäste, ihre Schiffe zu verteilen

---

[1]) Chron. Scandal. I. 239. Vaesen IV. 112.
[2]) Comines-L. III. 120 ff. De la Marche III. 70. u. 1. Major 329. Sismondi. XIV. 303. Vaesen IV. 126. Gachard I. 226—31. Hist. de Bourg. IV. 261 ff.
[3]) Vaesen IV. 112, 25, 126, 146 ff. Sismondi XIV. 303.
[4]) Sismondi XIV. 303.
[5]) Taillandier II. 111/12.
[6]) Sismondi XIV. 303.
[7]) Taillandier II. 114. Lobineau I. 711.

und sich ins Binnenland zurückzuziehen, bis eine Überfahrt nach England am Platze schien[1]). Zugleich verbot er, die in Troyes aufgestapelten burgundischen Waren einzuziehen, um nicht Karls Groll zu steigern[2]); dann suchte er die Abfahrt der Engländer möglichst zu beschleunigen. Am eigenen Hof hatten sich zahlreiche Stimmen gegen die Aufnahme der Rebellen erhoben; der Connétable St. Pol schwor, eher seinen Degen und seine Güter preiszugeben, als mit den verräterischen Nevils zusammenzutreffen[3]), mehr aus politischer Intriguensucht, denn, weil er ein Onkel Elisabeth Grays war. Auch Ludwig selbst sah mit Unlust, dass der Aufenthalt der Flüchtlinge sich in die Länge zog; er war sparsamer Natur, und es kostete viel, das grosse Gefolge des Earls zu unterhalten[4]). Er schrieb daher von Amboise, 3 Gründe bestimmten ihn, auf schleunige Überfahrt zu drängen, erstens die Rücksicht auf Warwicks Wohlergehen, zweitens der Wunsch, Eduard IV. zu beschäftigen, dann die Besorgnis vor weiteren Massregeln Karls des Kühnen; er gab ferner Befehl, durch seine gesammte Flotte die Engländer zu stützen[5]). Brief folgte auf Brief; der König beschwor seinen Vertrauten Bourré, mit aller Liebenswürdigkeit auf die Abreise zu dringen[6]); aber Richard Nevil zeigte kein Verständnis für die Wünsche des höflichen Diplomaten. Er hatte eingesehen, dass er nicht im Stande sein werde, seinen Plan, die Krönung Clarences, durchzuführen; so musste er abwarten, bis etwa ein unvorhergesehenes Ereignis seine Rückkunft sicherte[8]). Das musste

---

[1]) Barante IX. 270.
[2]) Vaesen IV. 125.
[3]) Chastellain V. 459; 462 ff.
[4]) Vaesen IV. 128.
[5]) Vaesen IV. 121/22. Warwin-D. III. 39. Chastell. V. 468. Chron. Scand. I. 244. cf. Bibl. Nat. ms. fr. 20486. f. 6; 20489 f. 17; Barante IX. 276. Duclos III. 291.
[6]) „Par toutes les plus douces voies." Vaesen IV. 122.
[7]) Monseigneur de Warvuye n'est pas si prest d'aller en Angleterre, comme je l'entens, schreibt Louis am 3. VII. von Tours an Bourré. Vaesen IV. 128.

Ludwig wohl einleuchten, aber er konnte ihn nicht auf die
Dauer beherbergen, und sein verschlagener Sinn fand einen
anderen Ausweg, um den unbequemen Gast los zu werden.
Er stellte ihm die Alternative: Auslieferung oder ein Bündnis
mit Lancaster; so ungeheuerlich der zweite Vorschlag klang,
der erste war der sichere Tod; eine Wahl blieb nicht übrig.
Schon hatte der König einen Vertrag mit Heinrich von
Castilien und dessen englischem Namensvetter auf 30 Jahre
unterzeichnet[1]); es fragte sich jetzt, ob Margareta gesonnen
sein würde, auf das Projekt einzugehen. Es schien zuerst,
als ob sie unnahbar wäre, als ob die Königin verzeihen
könne, die gekränkte Frau nie[2]). Aber Ludwig wusste,
dass die Herrschsucht über den Stolz siegen würde: er
ging noch weiter, er schlug eine Heirat zwischen Eduard
und Anna Nevil vor. Die Zeit hatte manche Wunde im
Herzen Margaretas geheilt; allmählich traten in ihrem Geist
die grossen Vorteile der geplanten Allianz in den Vordergrund, aber auch die Furcht, durch das neue Bündnis, alte
Freunde zu verlieren, ward rege[3]). Ludwig zerstreute
alle Bedenken; er versprach Geld und Truppen zu opfern,
bis der fromme Mann wieder auf dem Königsthrone sässe[4]),
und zuletzt willigte die gebeugte Fürstin ein, den Grafen
zu empfangen. Mitte Juli fand die Begegnung statt[5]); demütig kniete Richard Nevil vor der Frau nieder, der er
im Leben so viel Leid zugefügt hatte, und nahm die Beschuldigungen gegen ihre Ehre zurück; der Mann schien
den Mord des Vaters vergessen zu haben; aber das Weib
konnte sich nicht beherrschen und liess manch ungnädiges
Wort fallen. Immerhin war es der erste Sonnenblick im
düsteren Dasein der letzten Jahre, als der stolze König-

---

[1]) Vaesen IV. 123—25.
[2]) Basin II. 221—23.
[3]) Ellis II. II. 132.
[4]) Ellis II. II. 132. Warkw. 9—10. Wawrin III. 11, 45. u.
[5]) Ms. Harl. 543 f. 169. b. giebt eine genaue Darstellung der Vorgänge unter dem Titel „The Gwydinge and Maner of the Erle of Warwick at Aungiers from the XVth day of July to the IVth of August 1470, which day he departed from Aungiers". cf. Vaesen IV. 128.

macher sie um Vergebung bat, und formell war das Bündnis geschlossen. Kurz darauf fand die Vermählung statt[1]), und um seinen Versicherungen grösseren Glauben zu verschaffen, ersuchte Ludwig seinen Bruder, den Herzog von Guyenne, sich als Mithelfer bei der lancastrischen Restauration zu verpflichten[2]). Er selbst ging nach Honfleur, um die nötigen Massregeln zur Einschiffung der Truppen zu treffen; aber die Schiffe Karls des Kühnen hatten die französischen Häfen blockiert, und Warwick sah sich gezwungen, seine Abfahrt zu verzögern, bis ein Sturm die Fahrzeuge der Gegner zerstreute. Erst am 13. September gelang es ihm seine Leute in Plymouth und Dartmouth ans Land zu setzen; mit ihm betraten Clarence, Jasper Tudor, Oxford und Fauconberghe's Sohn den englischen Boden[3]); Margareta war in Frankreich zurückgeblieben, um dort den Erfolg des Unternehmens abzuwarten[4]).

So war denn das Unbegreifliche geschehen: Warwick hatte wirklich das Banner der weissen Rose mit dem der Lilie vertauscht und zog für Heinrich VI. ins Feld. Jegliches Gefühl für Loyalität und Moral hätten gegen solche Felonie sprechen müssen; ja selbst die Chronisten einer Zeit, die schwerlich nach ethischen Prinzipien fragte, fanden zu diesem wunderbaren Übertritt keinen Schlüssel; sie versuchten ihn in einer Familienbeleidigung zu suchen[5]). Nichts lässt uns einen sicheren Schluss ziehen, dass ein derartiger Umstand vorlag; dagegen liegt die ganze Reihe der Faktoren, die das an sich seltsame Ereignis erklären, deutlich vor uns. Der Feldzug von 1469 hatte nicht das erwünschte Resultat gebracht; die Rolle der Nevils war für immer unter Eduards Regierung ausgespielt. Das hatte

---

[1]) Vaesen IV. 130/31.
[2]) Bréquigny, Lettres II. 488. 491.
[3]) Comines-L. I. 154; II. 85,86. Basin II. 226/27. Fabyan 658. Vaesen IV. 143. Chastellain V. 469. Chron. Scandal. I. 245. n. 2. de la Marche III. 70. Fortescue 69. Past. Lett. II. 406.
[4]) Kirk II. 85. Fortescue 70: Ludwig wollte Warwick Zeit lassen, seine Herrschaft zu befestigen.
[5]) Hall u. A., s. Swallow 190.

der Königmacher erst erkannt, als es zu spät war, als ihn die Gleichgültigkeit der Nation, die Abneigung gegen Clarence zur Flucht zwangen. Nur als Heerführer der Lancastrier war ein erfolgreicher Krieg zu erwarten; die Verhältnisse, vor allem Ludwig XI., drängten; das letzte Band, das ihn an Eduard gefesselt hatte, war mit Rivers Tod zerschnitten, unter dem Haus York war kein Platz mehr für ihn in England. Allzuoft hatte der Ehrgeizige in den Rosenkriegen gesehen, dass das stärkste Motiv die Selbsterhaltung war; auch für ihn gab es jetzt nur eine Wahl: Hammer oder Amboss sein.

Zehntes Kapitel.

„Par St. George, si l'on n'y pourvoid, a l'aide de Dieu, j'y pourveoirai sans vos congiés ny vos raisons", hatte Karl der Kühne seinem Schwager geschrieben[1]; denn St. Pol berichtete[2] jegliche Phase in Ludwigs Politik nach Ghent, und der Herzog war keinen Augenblick über die Gefahren, welche England drohten, im Unklaren. Eduard aber blickte mit Verachtung auf die Rüstungen, die sein mächtiger Baron in Frankreich betrieb[3]; ungehört verhallten die Warnungen des Burgunders[4] und manche Stimme der eigenen Grossen. Auch im Inland waren neue Unruhen ausgebrochen; die Courtenays hatten Devonshire aufgewiegelt, und im Norden standen neue Scharen von Rebellen unter Lord Fitzhugh in Waffen; die königliche

---

[1] Duclos II. 1. cit. v. Pauli. V. 394.
[2] Sismondi, Hist. Franc. XIV. 308.
[3] Comines-L. I. 164. Comines-D. I. 260. Chastellain V. 185.
[4] Comines-L. I. 154. Chast. V. 455. 60.

Armee aber befehligte Montagu. Unbegreiflich scheint des Königs Sorglosigkeit unter diesen Umständen; anstatt Fitzhughs Aufstand im Keim zu ersticken, hatte er bis zum August gewartet; dann war er nach Norden gegangen, und Fitzhugh sah sich zum Rückzug gezwungen; anstatt ihn jedoch anzugreifen, schlug der Monarch seine Residenz in York auf[1]). Der Leichtsinn des Königs sollte sich schwer rächen; wohl konnte er mit Recht meinen, dass es Richard Nevil nicht gelingen werde, ein grosses Heer aufzubringen wie vor zehn Jahren, denn das Land stand den dynastischen Interessen apathisch gegenüber; aber er vergass, dass sein eigener Feldherr der Bruder des erbitterten Earls war, und dass die Nation so wenig gewillt sein würde, für ihn, wie für Heinrich VI. den heimischen Herd zu verlassen. „When Kynge Edwarde ....th regnede", schreibt ein Chronist jener Tage „the peple looked after alle the forseide prosperytes and pecee, but it came not; but one batayle aftere another, and moche troble, and grett losse of goodes, among the comone peple .... and many menne seyd that Kynge Edwarde had myche blame for hurtynge marchandyse[2])."

Über ein Decennium sass der Sohn Richards von York auf dem englischen Königsthron; allein die Bürgerkriege tobten fort, der einzige Versuch den Erbfeind anzugreifen, war im Sande verlaufen, und die Günstlingswirtschaft, der Geldmangel, die willkürliche Justiz waren dieselben geblieben; wen durfte es Wunder nehmen, dass kein Arm sich zum Schutze der königlichen Sache rührte, als Warwicks Agenten zum zweiten Male in Kent und Sussex Manifeste verteilten, worin das blutige Gerichtsverfahren und die Politik der herrschenden Dynastie gegeisselt ward[3])?

Noch immer merkte Eduard IV. nicht, dass seiner Krone Gefahr drohte; mit stolzen Worten liess er den Bruder und den Unterthan zu sich bescheiden. Die aber

---

[1]) Rym. XI. 657. Past. Lett. II. 406. Fabyan 658.
[2]) Warkw. 12.
[3]) Ellis II. II. 135—38.

antworteten, indem sie Heinrich VI. zum König von Frankreich und England ausriefen und alle Männer zwischen 16 und 60 Jahren zum Kampf für das Haus Lancaster entboten [1]). Sicherlich hatte der Fürst nicht darauf gerechnet, dass die beiden Lords in Wirklichkeit für Margareta zu fechten gesonnen waren; jetzt wandte er sich in seiner Bedrängnis an Karl von Burgund mit der Bitte, dem Earl den Seeweg nach Calais abzuschneiden; er hegte also noch immer Hoffnung. Skeptisch antwortete der Herzog, es wäre wohl besser gewesen, den Unruhestifter nicht hereinzulassen, nun möge er selbst mit ihm fertig werden [2]). Das war wohl des Königs Absicht gewesen; er hatte eine beträchtliche Macht bei Pontrefact stehen, und liess durch seine Anhänger in den südlichen Grafschaften Truppen zum Schutze der Hauptstadt werben [3]).

Aber die Männer von Kent und Sussex sollten keine Wahl zwischen Eduard und Warwick zu treffen brauchen; während letzterer in Canterbury zu den Waffen rief und Dr. Godard durch seine Predigten [4]), Sir Thomas Billing durch seine Reden [5]) in London für Heinrich VI. Stimmung machten, war der Marquis zu einem Entschluss gelangt und hatte die weisse Rose mit dem Nevilschen Bären vertauscht [6]). Eduard lag im Bett und schlief, als ob das Reich sich im tiefsten Frieden befände: da kam die Nachricht von Montagus Abfall; er sass bei Tisch und speiste behaglich, als ob kein Feind im Lande wäre: da hörte man den Ruf: Hoch lebe König Heinrich; mit Heldenmut musste seine Leibgarde die Schlossbrücke verteidigen, um ihm Zeit zum Entkommen zu lassen [7]). Durch Lincolnshire floh er nach Lynn; von dort setzte er am 3. Oktober mit

---

[1]) Warkw. n. 60.
[2]) Comines-L. I. 164.
[3]) Past. Lett. II. 409.
[4]) Fragm. 305.
[5]) Campbell. I. 152.
[6]) Hist. Croyl. 551.
[7]) Hearne 306. Fragm.

einigen seiner treusten Anhänger nach Holland über[1]). Aber auch auf hoher See hatten die Gefahren für ihn nicht aufgehört; Schiffe der Hansa, die wegen der Repressalien gegen den Stahlhof mit England in Krieg lag, verfolgten ihn, und nur mit Mühe konnte er sich auf niederländisches Gebiet retten. Karls Statthalter, Herr von Groethuysen[2]), nahm ihn und seine Leute auf und geleitete sie nach dem Haag, wo sie am 12. Oktober eintrafen, in solcher Armut, dass Eduard dem Schiffskapitän nur seinen kostbaren Rock zum Geschenk machen konnte[3]). Nicht anders hatte vor Jahren die flüchtige Margareta burgundischen Boden betreten.

Es wäre schwer, einen Bürgerkrieg zu finden, in dem die oberste Gewalt, die leitenden Persönlichkeiten, aber auch die Ansichten des Volkes so schnell wechselten, wie in den Kämpfen der Rosen. In Karls Auftrag war Herr von Comines zu Wenlock gesandt worden, als Warwick eben seine Landung in Dartmouth bewerkstelligte[4]); nach kurzer Abwesenheit kehrte er zurück, als Eduards Flucht bekannt wurde. Alles war wie verwandelt; wo eben noch die weisse Rose geflattert hatte, sah man jetzt den Bären und die Lilie, und den äusseren Zeichen entsprach der Umschlag der Gesinnung. „Da begriff ich zum ersten Mal, wie unbeständig die irdischen Dinge sind", meint der Geschichtsschreiber[5]).

Auch in England hatte man den Wechsel der Herrschaft mit ruhiger Ergebung hingenommen. Wohl war der neue Herr in London nicht beliebt[6]); und schon aus commerciellen Gründen musste die Entthronung Eduards dem

---

[1]) Warkw. 11.

[2]) Bei Eduards Rückkehr erhielt er zum Lohn die Grafschaft Winchester. Arch. Brit. XXVI. 275 ff.

[3]) Lappenberg 51/52. Casper Weinreich 8. Warkw. 12. Basin II. 246. Hist. Croyl. 554. Waurin-D. III. 45—49. Comines-L. I. 155—158 giebt Eduards eigenen Bericht wieder. cf. II. 196.

[4]) Add. Ms. 21361.

[5]) Comines-L. I. 159—60. cf. Chastellain V. 488.

[6]) State Pap. I. Nr. 421.

Kaufmannsstande nicht genehm sein[1]). Der lebenslustige Fürst hatte viel Geld in der City geborgt; ja sogar von Damen hatte er kleine Darlehen nicht verschmäht[2]); jetzt hatten die Gläubiger jegliches Anrecht auf Rückzahlung verloren, vielleicht auf immer. Aber diese Erwägung traf nur Einzelne; man kannte Warwicks Hass gegen Karl den Kühnen und fürchtete, dass er die Handelsverträge mit Burgund aufheben würde; das wäre ein harter Schlag für die Geschäftsleute gewesen, die bessere Ware in Ghent und Brüssel, als auf den Märkten zu Lyon und Tournai erstanden. Aber andere Umstände trugen zu einem Stimmungswechsel bei: der kentische Pöbel und die Geächteten von Blackfriars fingen an, ihr Unwesen in den Strassen der Hauptstadt zu treiben[3]); ein starkes Regiment musste eine willkommene Erlösung scheinen. Dann dachte man wohl auch an die Tage zurück, wo die Nevils durch den fürstlichen Glanz ihres Auftretens alle anderen Lords verdunkelt hatten, und in dem wandelbaren Herzen der Londoner machte sich eine freundlichere Anschauung geltend[4]). Jubelnd empfing man den Earl, als er mit dem Herzog von Clarence, Shrewsbury, Stanley und George Nevil durch die Strassen ritt, um in St. Paul sein Quartier aufzuschlagen[5]). 3 Tage vorher hatten William Waynflete und der Lord Mayor den armen König befreit „whiche was noght so worschipfully arayed .... and noght so elenly kepte, as schuld seme suche a Prynce"[6]); dieselben Zimmer des

---
[1]) Comines-L. I. 163/4. Chastellain V. 489 90; seltsamerweise schreibt Olivier de la Marche Warwicks Popularität in London (?) z. T. seinen Schulden zu. Stichhaltiger sind die zwei anderen Gründe, die er anführt: seine Leutseligkeit und seine Nachsicht gegen jegliche Art von Freibeuterei „et jamais de son temps on ne fit droit en Angleterre à aucung estrangier de perte, qu'il lui fust faicte. De la Marche III. 69.
[2]) Ramsay II. 358. n. 3.
[3]) Rot. Parl. VI. 50.
[4]) Richtig bemerkt Le Moyne 374 „c'estoit un Monstre trop inégal et trop bizarre; qui avoist trop peu de coeur et trop de testes".
[5]) Past. Lett. 412. Fabyan 658. Hist. Croyl. 554. Hall 285. Three F. C. Chron. 183. Warkw. 11. Waurin-H. V. 612.
[6]) Warkw. 11.

Towers, die Elisabeth soeben mit dem Asyl von Westminster vertauscht hatte, wurden ihm zur Wohnung angewiesen. Während Warwick jetzt mit Energie Ordnung und Sicherheit herzustellen bemüht war, hatten Fortescue und Morton die schwere Aufgabe, die Giltigkeit der neuen Herrschaft dem englischen Volke juristisch klarzulegen[1]). Die nächste Sorge musste der Verteilung der höchsten Würden gelten; Sir John Langstrother[2]) gab das Kanzleramt an George Nevil ab und übernahm die Finanzen, Billing behielt die Justiz, Clarence wurde, wie zuvor, Vicekönig von Irland[3]). Sein Vorgänger war der Einzige, der unter der neuen Herrschaft bluten musste[4]); wohl war John Tiptoft, der feingebildete Übersetzer Ciceros[5]), der Freund eines Caxton[6]) und Aeneas Sylvius, mit Warwick verwandt, aber die Verwandschaft nützte ihm nichts; 3 Tage, nachdem Oxford über ihn zu Gericht gesessen, ward er auf dem Tower Hill enthauptet. Das war die gerechte Strafe für diesen Mann, der mit der Bildung des Gelehrten den Blutdurst des Inquisitors vereinigte, der mit der humanistischen Bildung des Südens die italienische Verachtung gegen das Leben Anderer eingesogen hatte[7]). Es könnte seltsam scheinen, dass sich der Earl mit einem einzigen Opfer begnügte[8]); aber alle, die er persönlich hasste, waren tot, oder in der Fremde, mit Ausnahme der königlichen Frauen, denen die Freistätte Schutz gewährte. Am 13. Oktober bewegte sich wieder ein feierlicher Zug durch

---

[1]) Hook. V. 394.
[2]) Er hatte Rivers Stelle innegehabt.
[3]) Rym XI. 693.
[4]) Waurin-II. V. 612 giebt fälschlich Exeters Namen.
[5]) Blades 82.
[6]) Chron. White R. 119; auch Warwick war ein Gönner Caxtons, der ihm sein „game and play of chess" widmete. Blades 23, 27, 80.
[7]) Warkw. 13. Fabyan 659. Three F. C. Chron. 183 „trux carnifex et hominum decollator." Chron. Scandal. I. 245. Leland, Coll. I. 11. 503.
[8]) Chast V. 490 beschuldigt ihn unerwiesenormassen der Grausamkeit.

die Strassen Londons: es waren die Pairs, die König Heinrich nach Westminster leiteten; Warwick trug die Schleppe seines Kleides, Oxford das Reichsschwert[1]). Zwei Tage darauf berief der Neugekrönte ein Parlament ein, welches der Erzbischof am 26. November eröffnete. Den Text zur Feierpredigt wählte der Kanzler aus Jeremias[2]), wie vor 10 Jahren, da er Eduards Unterhaus zum ersten Male begrüsst hatte; George Nevil war ein gewisser Humor in der Verderbtheit nicht abzusprechen. Die Szene war dieselbe, wie so oft schon: wieder mussten die Gemeinen einen König als Usurpator und Verräter brandmarken, wieder wurden die sämtlichen Regierungsakte eines Herrschers umgestossen, wieder die früheren Machthaber geächtet. Die Thronfolge wiesen die Häuser Heinrichs männlichem Stamm zu, im Fall dieser ausstürbe, sollte sie an Clarence und seine Nachkommen übergehen[3]). Warwick und der Herzog erhielten den Oberbefehl über die gesamte Heeresmacht, Montagu das Commando an der Ostgrenze und im Norden, zusammen mit Scrope und Oxford; Jasper Pembroke stand im Westen, den Schutz der Südküste hatte sich der Earl selbst vorbehalten, indem er sich die Stellung eines Admirals übertragen liess. Die üblichen Verleihungen von Würden und Besitz liessen nicht auf sich warten; Warwick bekleidet der Reihe nach militärische, juristische, diplomatische Ämter; Clarence erhält Yorks Güter, Tudor seine alte Grafschaft[4]).

Der Eindruck, den diese rasche Campagne im Ausland

---

[1]) Hist. Croyl. 554.
[2]) Jeremias III. 14 „return, O backsliding children". Rot. Parl. VI. 191. Warkw. 12.
[3]) Fabyan 660. Hall 286. Hist of Arr. 1. Ellis II. II. 131.
[4]) Rym. XI. 676—80. Doyle III. 587. Rot. Scot. II. 425. Rep. of the Dep.-K., 48th, 449. m. 4; Warwick wird „Lieutenant of the King" (Okt.), Joint Commissioner of Array in Cambridgeshire u. s. f. (28. XII. 70). Admiral of England, Ireland and Aquitain (2. 1. 71) Joint Commissioner of Array in South Wales and the Marches (30. I. 71), Mitbevollmächtigter für die Verhandlungen mit Frankreich (13. II. 71) und (25. III. 71) Joint Comm. in Herefordshire.

erweckt hatte, war gewaltig; hatte Warwicks plötzlicher Abfall schon überraschend gewirkt, so musste dieser unerwartete Erfolg Freund und Feind zum Erstaunen zwingen. In Paris war der Jubel unbeschreiblich: der König liess Prozessionen veranstalten und Siegesfeiern abhalten[1]); auf so schnellen Wechsel hatte er nicht gerechnet. Auch auf Unbeteiligte verfehlte das seltsame Ereignis die Wirkung nicht; hohe Prälaten gaben ihrer unbeschränkten Bewunderung für den mächtigen Baron Ausdruck, der so Grosses in so kurzer Zeit zu Stande gebracht hatte[2]). Der Einzige, der Eduards Entsetzung mit Grimm und Verwünschungen aufgenommen hatte, war sein Schwager von Burgund[3]). Er sah sich einer gefährlichen Coalition gegenübergestellt, da es schien, als ob England, Frankreich, die Schweizer und die deutschen Kurfürsten[4]) die Gelegenheit benutzen würden, sein Reich zu verteilen, das weder dem Zusammenhang der Nationen, noch der Einigkeit der Ideen nach, genügend consolidiert schien. Das Erste musste für ihn jetzt sein, einen modus vivendi mit der neuen Regierung in Westminster zu finden; das Zweite Eduard IV. durch Versprechungen hinzuhalten. Er schrieb an Wenlock, um durch diesen eine Vermittlung mit dem alten Gegner anzubahnen[5]); er versicherte der Bürgerschaft von Calais, kein Mensch sei im Herzen mehr Engländer, als er selbst[6]); aber alles Schmeicheln war vergeblich: Warwick antwortete nicht. Karls Doppelspiel war allzu leicht zu durchschauen; sogar der fremde Chronist machte seine Glossen darüber[7]). Wohl hatte der Herzog den flüchtigen

---

[1]) Chron. Scandal. 248. Vaesen IV. 143/44, 152—54. Chast. V. 487. Félibien-Lob. II. 860/61.
[2]) Raynaldus Tom. 19. a. 1470. nr. 49.
[3]) Turner III. 275 meint, er hätte lieber von Eduards Tod gehört, cit. Comines III. 255.
[4]) Vaesen IV.
[5]) Sismondi XIV. 333.
[6]) „Par St. George, lequel me cognoit estre meilleur Anglois, et plus desirer le bien de iceluy royaume, que vous et tous les autres Anglois ne sont." Hist. de Bourg. IV. pr. 289.
[7]) Raynaldus Tom. 19. a. 1471. nr. 51. cf. Paul. Aem. 435.

König nicht empfangen wollen¹), wohl waren die Exeter und Somerset am Hof zu Ghent nicht müssig gewesen, Intriguen gegen den gestürzten Herrscher einzufädeln²); aber jedermann wusste, dass Eduard fürstlich bewirtet wurde³), dass geheime Verhandlungen im Gange waren, die jederzeit einen Einfall in England erwarten lassen konnten.

Warwicks Politik war klar vorgezeichnet; sie enthob den Burgunder jeder Bedenken, die dieser etwa aus commerziellen Rücksichten noch hegen mochte. Schritt für Schritt liess sich das Bestreben der englischen Regierung ihn zu vernichten, erkennen. Zuerst kam der Handelsvertrag zwischen Ludwig und Heinrich, der den Import flandrischer Ware verhindern sollte⁴). Der Lord Mayor nahm sich die Sache so zu Herzen, dass er unter dem Vorwande einer Krankheit abdankte; er konnte nicht zusehen, wie der grosse Agrarier die Londoner Industrie preisgab⁵). Moneypenny tauchte wieder auf; dem geschulten Politiker wurde es leicht, Warwick zu einer Offensivallianz zu bereden, die ihm Holland und Seeland verhiess⁶). Am 28. November ward der Vertrag unterzeichnet⁷); Ludwig konnte jetzt, von allen Seiten gedeckt, den Krieg erklären. Er begann ihn 2 Wochen später mit der Eroberung von St. Quentin; die Städte an der Somme mussten zum vierten Mal den Gebieter wechseln⁸). Karl der Kühne begriff, dass die Zeit der Scheinpolitik vorüber war: schon hatte Warwick dem König von Frankreich 3000 Mann Hilfstruppen versprochen⁹). Um einem kombinierten Angriff vorzubeugen, entschloss er sich, auf Eduards Pläne einzu-

---

¹) Comines-L. I. 159—63.
²) e. l.
³) Waurin-D. III. 49. u. De la Marche III. 237.
⁴) Comines-L. II. 87.
⁵) Fabyan 660.
⁶) Chastellain V. 490. Waurin-D. III. 196—204. Rymer XI. 667.
⁷) Comines-L. II. 88 9. Basin II. 228.
⁸) Waurin-D. III. 52, 59. Waurin-H. V. 316. Raynaldus Tom. 19. a. 1470. n. 49.
⁹) Sismondi XIV. 330, 333.

gehen; in Aire und St. Pol pflogen beide lange Verhandlungen, Geld und Schiffe standen nun zur Verfügung; Eduard konnte rüsten[1]).

Mit Richard Nevil aber schien eine Veränderung vor sich gegangen; an Stelle seines unruhigen Wesens war gleichgültige Abspannung getreten. Er hatte seine Rache gestillt und seinen Ehrgeiz befriedigt; ein König war vor ihm aus seinem Reiche geflohen, einen anderen hatte er eingesetzt; er selbst herrschte unumschränkt, denn Heinrich VI. war mehr denn je zur Regierung unfähig[2]); wenn er starb, musste ein Nevil den Thron besteigen; in ganz England stand kein Feind und die Grenzen schienen gesichert. Aber der Treubruch nagte an ihm; die alten Zeiten konnten nicht vergessen werden. Zwei Decennien hatte er im Dienste der Yorks verbracht, auf den Schlachtfeldern von Northampton, von St. Alban, von Towton, an der schottischen und französischen Grenze hatte er durch Ströme von Blut Richards Sohn siegen helfen; sein greiser Vater war für Eduard gefallen, und er hatte seiner Mörderin eine Königsherrschaft erobert!

Ängstlich schien er auf den Augenblick zu warten, wo ihm Margareta die Geschäfte wieder abnehmen würde; im Februar war er selbst nach Dover gereist, um sie zu empfangen, allein sie kam noch nicht, entweder des Unwetters wegen, oder aus Furcht, das Leben des Prinzen zu wagen[3]). Auch Clarence schien verstimmt; ihm hatte ein Thron gewinkt, und er sah sich in seinen Hoffnungen getäuscht; wie lange war dem Schwankenden zu trauen? So stand Richard Nevil am Ende seines Lebens, als ein-

---

[1]) Waurin-D. III. 55. Haynin II. 158. Comines-L. I. 162, II. 197. Basin II. 252. Der Hsg. von de la Marche berechnet p. 237 den heutigen Wert der 5000 fl., die Eduard erhielt, auf über 5 Mill. Frcs.

[2]) Chastellain V. 490 vergleicht ihn mit einem gekrönten Kalb. De iure waren Warwick und Clarence ebenfalls die eigentlichen Regenten, wie aus Lansd. Ms. 511 f. 71, das sie als „Rulers and Governours of the Realm" bezeichnet, hervorgeht.

[3]) Rym XI. 693. Fabyan 660. Sie sollte schon 13. II. 70 abreisen; s. den Brief Ludwigs aus Amboise Vaesen IV. 171.

samer Mann, der wenig Freunde hatte und nur durch den Klang seines Namens, durch den alten Zauber seiner Persönlichkeit die Parteien zusammenhielt, welche für Heinrich VI., den Scheinkönig, sich erhoben hatten. Auch die Zeit hatte ihn überflügelt; in die Ideen eines Fortescue konnte er sich nie und nimmer hineinversetzen[1]).

Noch immer kam Margareta nicht; aber bald sollte das Schicksal dem unglücklichen Mann die Erlösung bringen und das, was ihm in seinem Leben nie zu Teil geworden: Ruhe und Frieden.

Elftes Kapitel[2]).

Am 14. März 1471 landete Eduard IV. mit 1200 Mann an derselben Stelle Englands, wo 72 Jahre vorher Heinrich Bolingbroke den Fuss ans Ufer gesetzt hatte, als er den zweiten Richard zu entthronen kam. Nur Hastings, Say Scales und Richard von Gloecester waren in seiner Begleitung; alle anderen Peers der york'schen Partei, die Bourchiers, Essex, ja die mit ihm verschwägerten Arundel und Kent schienen auf des grossen Earls Gebot mit dem lancastrischen Herrscherhause Frieden geschlossen zu haben. Zwei Tage vorher hatte man in Cromer eine Landung versucht; allein Oxford hatte dafür gesorgt, dass alle Verdächtigen, zumal der Herzog von Norfolk, nach London

---

[1]) Interessant ist das in Fortescue 349—53 cit. Yelverton Ms. 35: ein Memorandum Fort., das Eduard seinem Vater sandte; es enthält den Vorschlag, einen Rat von 12 Laien und 12 Priestern zu bilden, in dem die grossen Lords weniger Vertretung fänden als bisher.

[2]) Als Belegsquellen dienten z. T. Arch. Brit. XXI. 15—17 und Chron. Giles, Warw's. Rev.

gesandt wurden; daher schien die Stimmung der Bevölkerung dem Vorhaben des Königs nicht günstig[1]). Auch in Ravenspur zeigten sich die Einwohner nicht geneigt, für die weisse Rose zu den Waffen zu greifen; aber es fehlte andererseits an Truppen, um die Schar des Verbannten aufzuhalten. Der Marsch nach der Hauptstadt musste infolge der Erfahrungen, die Eduard mit den Bauern von Lincolnshire gemacht hatte, sich als unratsam erweisen; so bestimmte er York als nächsten Sammelpunkt für die Anhänger seines Hauses. Der Zug nach Norden brachte nicht den erwarteten Zustrom, Hall und Beverley schlossen ihre Thore, und als Eduard vor den Mauern Yorks erschien, da empfing ihn der Ratschreiber mit der Bitte, die Stadt nicht zu betreten. Aber der Listige wusste sich Eingang zu verschaffen; er appellierte an das Mitleid der wohlachtbaren Innungen; wie einst Monmouth, erklärte er jetzt, er beanspruche nur das Erbe seiner Väter und sonst nichts. Solchen Bitten konnten die Bürger nicht leicht widerstehen; so zog' er denn mit einer Handvoll Begleiter in dem Primat George Nevils ein, und als er sich dann sicher und harmlos in den Strassen der Stadt bewegte und den Hut mit der Straussenfeder schwang und auf den guten Prinzen Eduard ein Hoch ausbrachte, da musste jeder meinen, es sei ihm mit der Entsagung Ernst, und er sei nur gekommen, um seine Güter zu erhalten. Von York ging es nach Tadcaster; dort sollten Erkundigungen über die Stimmung in Northumberland und den benachbarten Grafschaften eingezogen werden[2]).

Der ganze Norden schien in zwei Lager geteilt; es war schwer zu sagen, ob Heinrich Percy oder der Marquis die factische Oberherrschaft besass[3]). Keiner von beiden schien gewillt, aus einer Zuschauerrolle hervorzutreten; der ehemalige Lancastrier, wie der Bruder Warwicks schuldeten dem königlichen Abenteurer beide Dank. Letzterer

---

[1]) Past. Lett. II. 411, 414, 420.
[2]) Warkw. 14. Fabyan 660. Hist. Croyl. 554. Hist. of the Arr. 2—5. Leland I. II. 501.
[3]) Hist. of the Arr. 6—7.

stand bei Pontrefact mit einer ansehnlichen Macht; leicht
hätte er Eduard vernichten können, aber es schien, als ob
er dem Earl die Entscheidung überlassen wolle; gefährlich
konnte der kleine Trupp nicht werden! Unbehindert gelangte der Monarch nach Wakefield und Sandal, den Stätten
vergangener Kämpfe; dann eilte er über Doncaster nach
Nottingham. Bei Newark standen Oxford, Exeter und Beaumont mit dem Aufgebote von sechs Grafschaften; der König
hatte kaum Zuzug erhalten; seine Gefangennahme erschien
sicher; aber die Lords zogen sich unbegreiflicherweise
zurück[1]). In Leicester wiederholte sich das Spiel; diesmal
war es der grosse Graf selbst, der Schutz unter den starken
Wällen von Coventry suchte. Der unerwartete Erfolg machte
den König übermütig; er erschien vor der Festung, gleich
als wolle er sie mit seinen 2000 Mann belagern[2]). Warwick rührte sich nicht; vielleicht war er zu schwach, um
den Krieg mit einem Schlage zu beendigen; vielleicht
harrte er auf Montagu; sicher ist, dass er Clarence stündlich erwartete[3]). George aber hatte sich längst entschlossen,
eine Versöhnung mit dem Bruder herbeizuführen; schon
in Calais hatte eine Hofdame den Haltlosen von seinem
Schwiegervater zu trennen versucht; damals soll er geantwortet haben, er werde im richtigen Augenblick zu
handeln wissen[4]). Dann waren die Mutter und die Schwestern, die Herzoginnen von Exeter, Suffolk und Burgund
bemüht gewesen, den Riss zu heilen[5]); Richard von Glocester aber hatte die letzte Verstimmung gehoben[6]). In
Warwick erhielt Eduard IV. die Nachricht, dass er herannahe[7]); so unvermutet war der Abfall geschehen[8]), dass

---

[1]) Past. Lett. II. 421.
[2]) Warkw. 14. Pol. Verg. 141. Hist. of Arr. 9.
[3]) Fox 812. Leland, Coll. I. II. 504.
[4]) Add. Ms. 31252 f. 82.
[5]) Hist. of Arr. 10. Warkw. 14. Hist. Croyl. 554.
[6]) Fox 812.
[7]) Comines-D. III. 282.
[8]) Am 16. III. u. 30. III. hatte Clarence noch an Vernon in
Warwicks Sinn geschrieben. Hist. Mss. Comm., 12th Rep., App. p. IV.

des Herzogs Soldaten die weisse Rose auf den lancastrischen Waffenrock heften mussten[1]). Jetzt konnte der Fürst mit offenem Visier streiten; die Heiligkeit des Eides, den er in der Kathedrale von York geleistet hatte, war vergessen, und die Soldaten riefen ihn zum Herrscher Englands aus[2]).

Der Verrat von Clarence hatte den Earl hart getroffen; aber auch andere Anhänger schienen geneigt, seine Sache aufzugeben. „Henry I pray you" hatte er an seinen Freund Vernon geschrieben „ffayle not now as ever I may do ffor you"; aber der Squire zog es vor, den Ausgang zu erwarten[3]). Trotzdem sprach er mit Verachtung von den Vorschlägen, welche ihm „der Mann Eduard" machen liess[4]); einmal im Leben hatte er die Treue gebrochen; nun war er gesonnen, sein Ritterwort zu halten.

Beide Parteien zogen ihre Streitkräfte zusammen; bei Coventry vereinigten sich Montagu und Oxford mit dem Earl[5]); auf der Strasse von Warwick nach Banbury ritten Eduard und Richard dem Bruder entgegen[6]). Noch immer war der Königmacher nicht zum Kampf zu zwingen; nach einem letzten vergeblichen Versuche beschloss der König über Dunstable, Northampton, St. Albans nach London zu eilen. Boten verkündeten seiner Gattin, den Bourchiers und anderen Freunden, dass Entsatz nahe war; am 10. April erreichte die Vorhut St. Albans; am gleichen Tage ward Warwicks Anmarsch gemeldet[7]).

Die Verwirrung in der Hauptstadt nahm von Stunde zu Stunde zu; unter dem Vorsitz George Nevils hielten

---

3, 4; am 3. IV. ersuchte Eduard Thomas Stoner, er möge ihm gegen Warwick und Clarence helfen. Arch. Brit. XVI. 1—2.

[1]) Past. Lett. II. 423.
[2]) Hist. of Arr. 9—10.
[3]) Hist. Mss. Comm., 12th Rep. App. IV. 3—4.
[4]) Fox 812, in dem Brief an Vernon nennt er ihn „yonder man Edward". Hist. Mss. Comm. supra.
[5]) Hist. of Arr. 11—12.
[6]) Waurin-D. III. 210.
[7]) Hist. of Arr. 12, 15. Waurin-D. III. 120. Comines-D. III. 283.

die Lancastrier einen Rat ab; allein nur Wenige der grossen Lords erschienen, die Meisten, unter ihnen Wenlock, Courtenay, Somerset, Langstrother waren zum Empfange Margaretas nach Weymouth geeilt. Die Anwesenden griffen zu einem seltsamen Mittel, um sich die City zu sichern; eine Prozession sollte König Heinrich von Cheapside nach Walbrooke geleiten; das konnte vielleicht die Londoner für den Sohn des Siegers von Azincourt gewinnen [1]). Einem Leichenzug glich das geringe Gefolge, welches am nächsten Tage hinter dem Monarchen durch die City einherschritt; in derselben Nacht aber besetzten Bourchiers Leute den Tower und die Thore der Stadt, in die Eduard IV. nach wenigen Monaten des Exils am folgenden Mittag einzog. Im Palaste des Erzbischofs trafen sich die zwei Könige, und der Sieger küsste mit lachender Miene den armen Gefangenen, der um sein Leben bat[3]). Auch George musste in den Tower wandern; aber die Verzeihung erfolgte so bald, dass gar mancher meinte, er habe dem Monarchen die Residenz in die Hand gespielt[4]). In Westminster fand die Begegnung mit Elisabeth statt, die ihren Gemahl während seiner Abwesenheit mit einem Knaben beschenkt hatte[5]). Dann kamen die alten Freunde, an der Spitze Bourchier[6]); zum zweiten Male liess sich Eduard IV. vom Cardinal als König von England salben. Der Abend wurde mit der Herzogin von York in Barnard Castle verbracht; am Charfreitag hielt der Monarch einen Kriegsrat ab, der sich für unmittelbaren Angriff entschied[7]), und schon Samstag früh zogen die Truppen aus London aus; beide Könige befanden sich bei der Armee. In der Nähe von Barnet stiessen die Heere auf einander; der Earl hatte die Land-

---

[1]) Warkw. 15.
[2]) Past. Lett. III. 3.
[3]) Foss. IV. 452.
[4]) Foss. IV. 452. Rym. 709 10.
[5]) „In festo omnium sanctorum" Hist. Croyl. 551; doch variieren die Daten wesentlich.
[6]) Er hatte 1467 den roten Hut bekommen.
[7]) Hist. of Arr. 17.

strasse zwischen Wrotham Park und Hadley Green besetzt, um Eduards Mannschaften, sobald sie aus den engen Strassen von Barnet herauskämen, einzeln zu überfallen. „Aber für die Strategie seines Gegners hatte der König stets nur ein mitleidiges Lächeln gehabt"[1]). Er umging nachts den Feind, und als Warwick die List merkte, da war es bereits zu spät: die ganze york'sche Armee stand in Schlachtordnung. Auch die Beschiessung der ganzen Linie fruchtete nichts, da die Königlichen durch einen Abhang gedeckt waren.

Am Morgen des Ostersonntags umgab ein dichter Nebel beide Armeen; nie war das Wetter den Kämpfen der beiden Rosen günstig gewesen[2]), aber heute hatte nach Meinung der Soldaten der Priester Bungay durch seinen Gesang den Zorn des Himmels heraufbeschworen[3]). Kaum war die Finsternis ein wenig gewichen, da führte Eduard seine Leute zum Angriff vor, und gleich zu Beginn der Schlacht merkte man, dass die Armeen schief zu einander standen. Oxford, der den rechten Flügel der Lancastrier befehligte, ragte mit seiner Linie weit über Hastings' linke Flanke hinaus; so kam es, dass die Yorkisten dort beim ersten Zusammenprall geworfen wurden[5]). Ein planlose Flucht begann; bis nach der Hauptstadt zog sich der Strom furchtsamer Gemüter; nach ihren Schilderungen war Alles verloren. „So qwam de tiidonge in London", schreibt ein Deutscher, der um jene Zeit Geschäfte in der City trieb, dat Warwick tvelt gewonnen hedde, und dat Konyng Edward gefangen, Clarens und Glocester doet weren[6]) ... Solche Gerüchte entsprachen der Meinung der Augenzeugen, und es herrscht kein Zweifel, dass Eduard den Tag ver-

---

[1]) Ramsay II. 370.
[2]) Bei Towton hatte es geschneit; bei Nordhampton geregnet. Swallow 179.
[3]) Fabyan 661.
[4]) Um 5 Uhr morgens, Waurin-D. III. 125. Hist. of Arr. 19.
[5]) Hall 296. Fabyan 661.
[6]) Hanserecesse VI. 418; Bericht Gerhards von Wesel an seine Freunde in Köln vom 17. IV. 71.

loren hätte, wenn Oxfords Leute, statt zu plündern, auf
das Zentrum der Königlichen gefallen wären[1]). So dauerte
der Kampf fort: im vordersten Treffen standen Eduard
und Richard, wie gemeine Soldaten kämpfend, in einem
Blutbade[2]): auf der anderen Seite focht der Earl an der
Spitze seiner Kriege „Heldenthaten verrichtend"[3]). Unent-
schieden musste das Gefecht scheinen, da kehrten zu Warwicks Unglück die Oxfordschen von ihrem Zerstörungszug
heim; in der Finsternis sahen ihre Sterne wie die Sonnen
auf den Waffenröcken der Gegner aus, und die Lancastrier
wandten sich gegen ihre eigenen Verbündeten[4]). Das
Schicksal der Parteien war entschieden; Warwick hatte
jeden Überblick verloren; gegen seine Gewohnheit war er
vom Pferd gestiegen[5]), jetzt suchte er ein anderes, um
sich für eine glücklichere Gelegenheit zu bewahren, aber
der Versuch misslang. „Et icheluy Warvich", schreibt
Margareta von Burgund[6]), „ce véant et sentent qu'il avoit
le pire monta dessus ung cheval soy cuidant sauver, et
ainsi qu'il s'en alloit fu retains de ung home qui le print,
et come il le ramenoit aucuns le conneurte et le tuèrent.
Monts[gr] et frère de sa prinse averti, a couru vers luy le
cuidant sauver, mès il le trouverte ja mort, dont il fit
grant regret"[7]). Auch Montagu ward in dem Augenblick
erschlagen, als er sich anschickte, des Königs Rock anzu-
legen[8]); von den anderen Führern sollten nur Oxford und
Exeter entrinnen. Say, Humphrey, Bourchier und Cromwell waren für Eduard gefallen; so hatten wenige Stunden

---

[1]) Hist. of Arr. Fabyan s. l.
[2]) Hist. of Arr. 19. Kennet I. 517. cit. v. Pauli V. 401.
[3]) Taillandier II. 116 „après avoir fait des prodigues de valeur".
Major 330.
[4]) Past. Lett. III. 4. Warw. 16. Leland, Coll. I. II. 504.
[5]) Turner III. 300 vergleicht damit das Verhalten Richards bei
Bosworth.
[6]) An ihre Schwiegermutter, Philipps Gemahlin.
[7]) Haynin II. 191 92.
[8]) Die meisten Schriftsteller sind darüber einig, dass Montagu
überzugehen gesonnen war. cf. Leland, Coll. I. II. 505. Warkw. 16.

genügt, um die Blüte der normännischen Ritterschaft hinzuraffen und fast alle die zu vernichten, welche aus den verheerenden Schlachten der letzten zwanzig Jahre glücklich entkommen waren [1]).

Erleichtert atmete der König auf, als er am nächsten Tage die Leichen der beiden Brüder in St. Paul betrachtete[2]), erleichtert Karl der Kühne, als er die Kunde von dem Sieg bei Barnet vernahm[3]); der König von Frankreich aber liess Trauerfeiern veranstalten und Messen lesen[4]). Man begriff nicht den tragischen Untergang des mächtigen Mannes; wohl konnte York sich rühmen, dass ihm der eigene Mut und die persönliche Tapferkeit seiner Leibgarde die Schlacht gewonnen hatten[5]): mehr, denn alles Andere, hatte ihm doch das Glück zum Siege verholfen. Jetzt war er in Wahrheit der Herrscher; die Sonne seines Hauses, welche der Glanz der Nevils so lange überstrahlt hatte, leuchtete fürderhin allein in England; der grosse Unterthan, der es verstanden hatte, zugleich Chef einer vornehmen Fronde und Führer der Bauern zu sein, der mehr durch die Persönlichkeit, als durch Namen und Reichtum zu herrschen wusste, der wie ein Magier mit dem Wunderstab Wunder wirken konnte in den Tiefen der Volksseele, lag jetzt unter der Erde. Mächtiger, als die Könige seines Landes, hatte er die Krone nach Gutdünken verschenkt; hätte er sie sich auf das eigene Haupt gesetzt, sie wäre keinem Unwürdigen zugefallen. Nicht ohne Vornehmheit hebt sich seine Gestalt von dem Spiegelbilde einer Aera

---

[1]) Zur Schlacht von Barnet cf. Warkw. 15—17. Hist. of Arr. 18—21. Waurin-D. III. 124—127, 212—13. cf. 289. App. State Pap. I. Nr. 434. De la Marche III. 70. Taillandier II. 116. Haynin II. 189—92. Leland, Coll. I. II. 504—5 etc.

[2]) Waurin-D. III. 213; richtig bemerkt Habington 87/88 „the dispositions of there two Brothers are best discovered to us by the King himselfe: of whom Warwicke was still eighter esteemed or hated, Montague loved or pittied".

[3]) De la Marche III. 73.

[4]) Chron. Scand. I. 259.

[5]) Waurin-D. III. 212.

ab, die zwei Weltalter trennte. Sein Jahrhundert erklärt sein Vergehen; die Betrachtung seiner Zeitgenossen lässt ihn in milderem Licht erscheinen. In ihm war eine vergangene Epoche verkörpert, der mittelalterliche Geist, der seine Befriedigung im Waffengang, in ritterlicher Freigebigkeit, in höfischer Intrigue fand; aber ein weiter Blick und die Kunst, in den Herzen der Menschen zu lesen, hatten ihn zuweilen über das Niveau seiner Tage hinausgehoben. Nicht mit Hass oder Liebe wird des Forschers unbefangenes Auge auf ihm ruhen; Mitleid wird er ihm nicht versagen können . . . . .

Am Tage der Schlacht von Barnet war Margareta gelandet; ungebeugt von dem schweren Schicksalsschlage, nahm sie den Kampf noch einmal auf. Viel Blut sollte für Lancaster und York noch vergossen werden; allein das Los der roten Rose war auf immer entschieden, und während der elfte Ludwig mit Adel und Volk im Kampfe lag, Karl der Kühne mit den Schweizern stritt und in Deutschland die Städte trotzig ihr Haupt erhoben, genoss Eduard in Ruhe seinen Triumph über den Königmacher, den Triumph der neuen Zeit über die gestürzten Symbole einer versunkenen.

www.ingramcontent.com/pod-product-compliance
Lightning Source LLC
Chambersburg PA
CBHW031453160426
43195CB00010BB/957